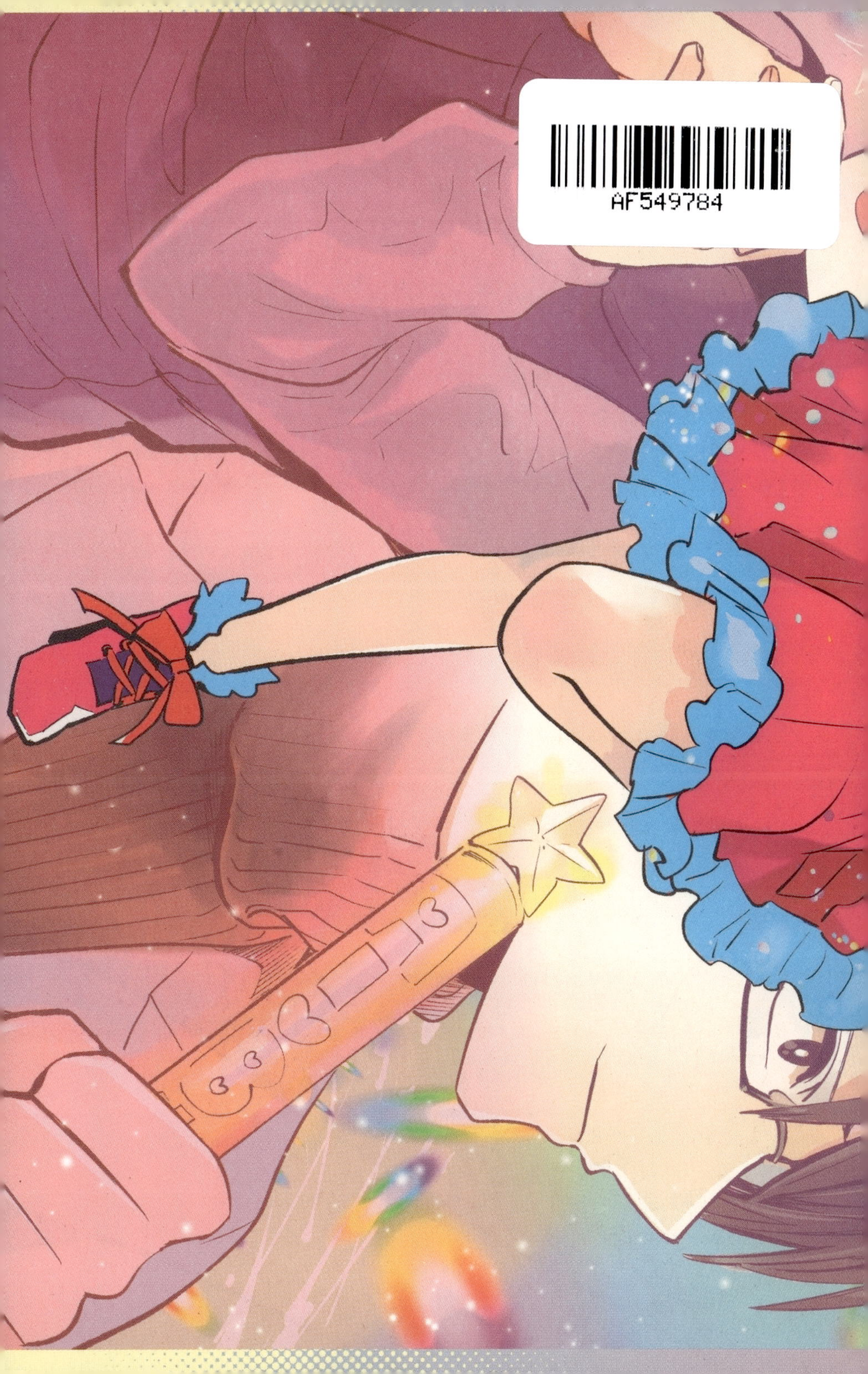

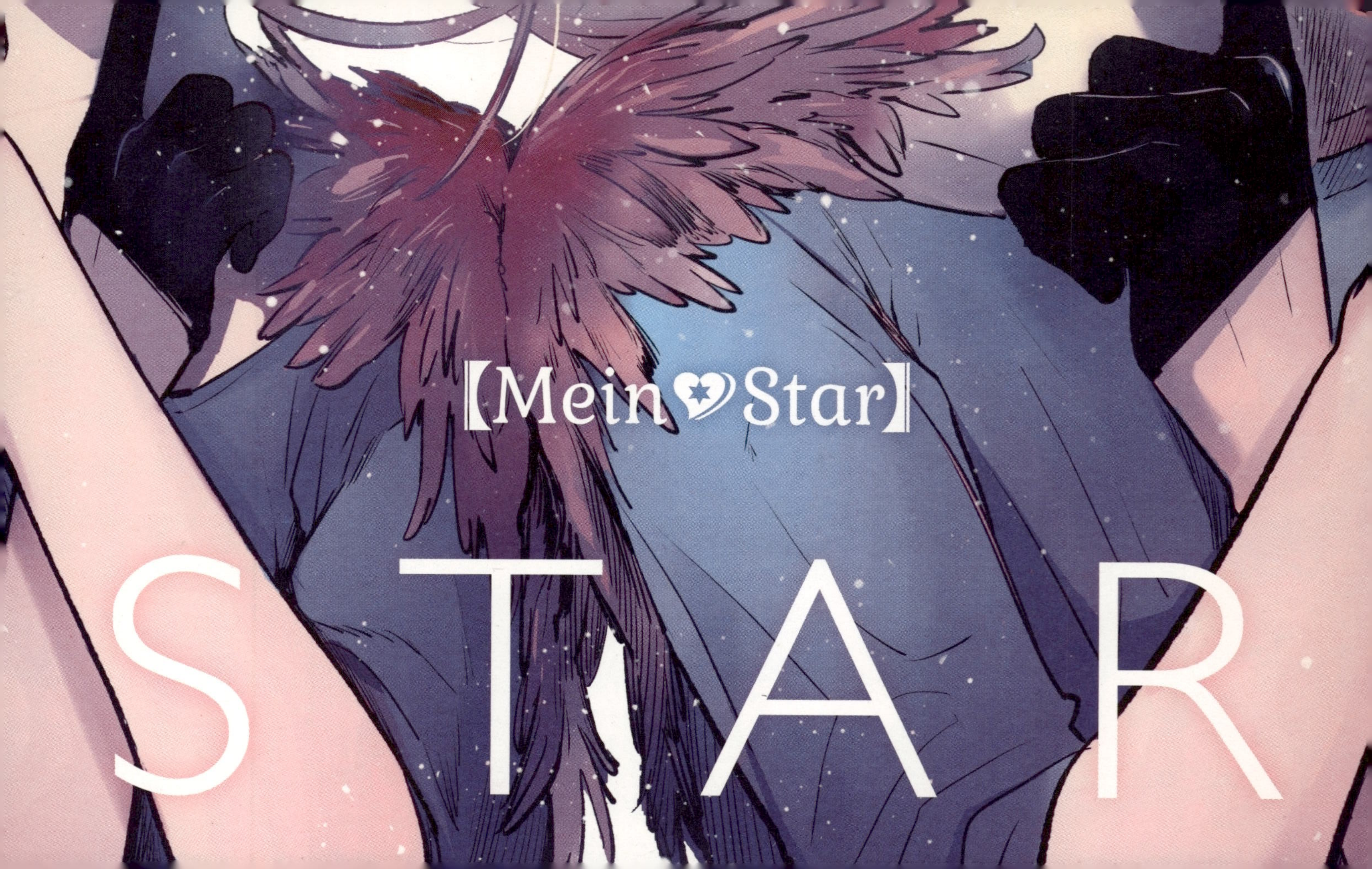
【Mein Star】
STAR

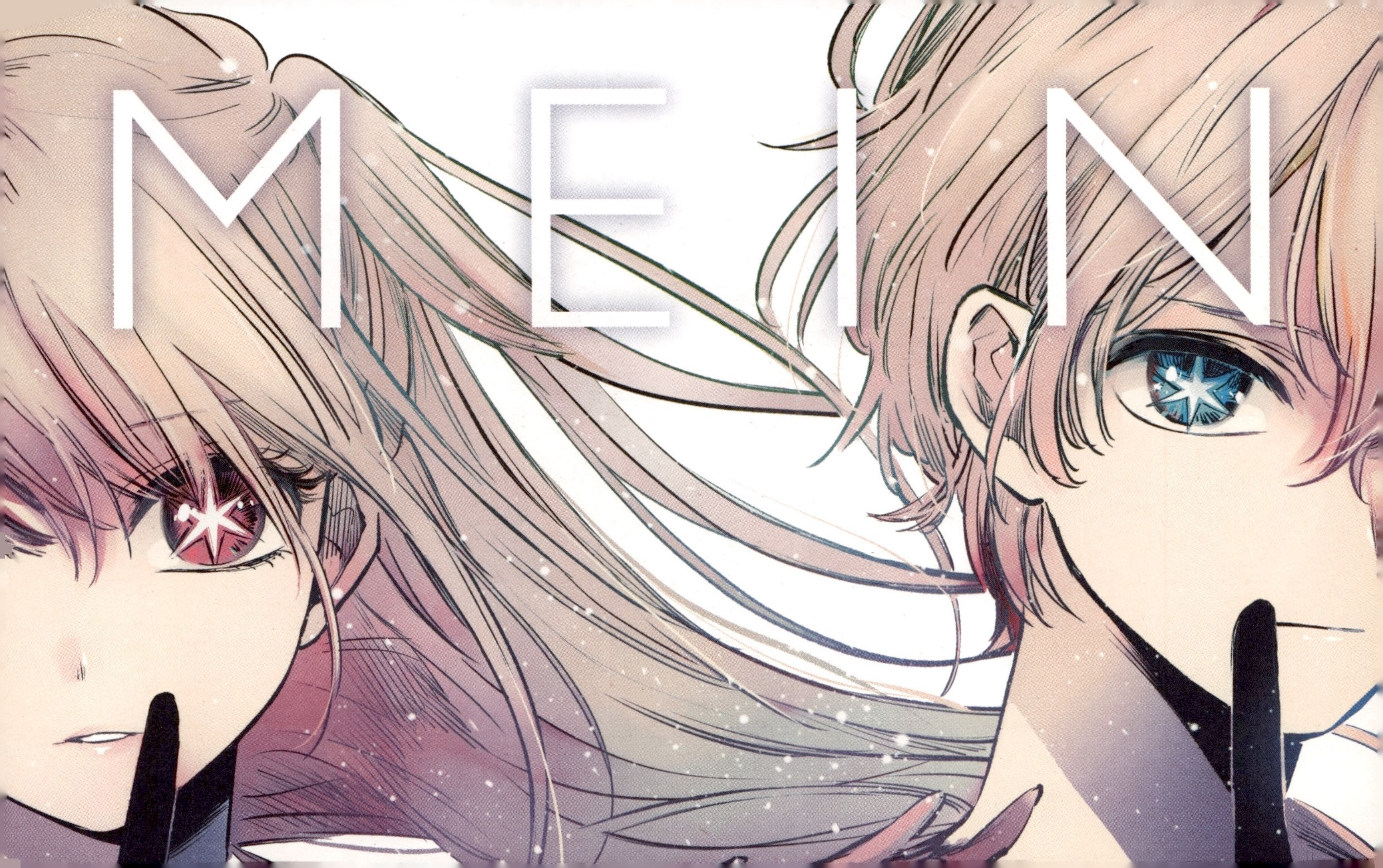
MEIN

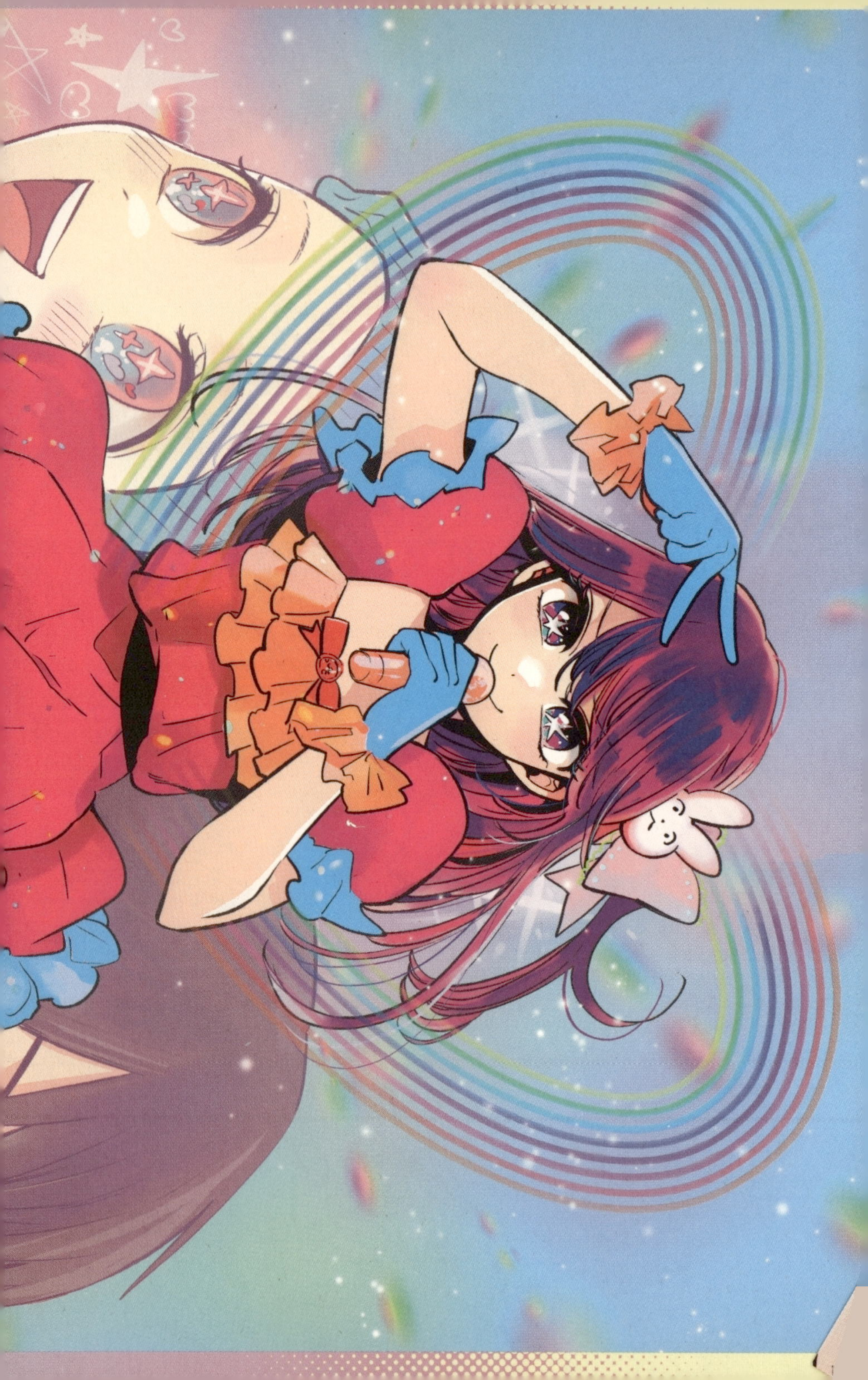

Aka Akasaka × Mengo Yokoyari STORY Hajime Tanaka

【Mein ♥ Star】

Spica, der hellste Stern

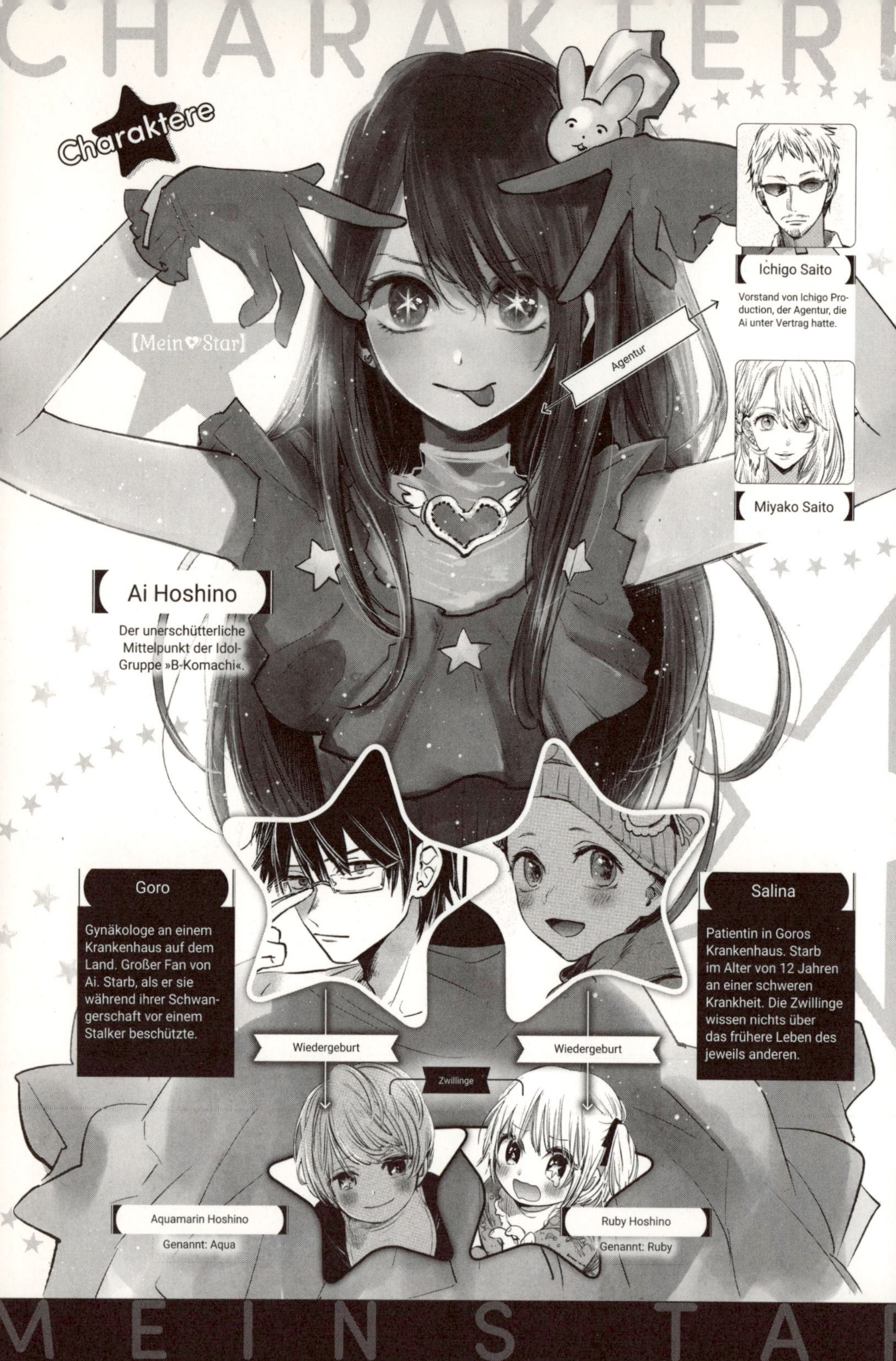
CHARAKTERE
Charaktere
【Mein♥Star】
Ichigo Saito
Vorstand von Ichigo Production, der Agentur, die Ai unter Vertrag hatte.
Agentur
Miyako Saito
Ai Hoshino
Der unerschütterliche Mittelpunkt der Idol-Gruppe »B-Komachi«.
Goro
Gynäkologe an einem Krankenhaus auf dem Land. Großer Fan von Ai. Starb, als er sie während ihrer Schwangerschaft vor einem Stalker beschützte.
Salina
Patientin in Goros Krankenhaus. Starb im Alter von 12 Jahren an einer schweren Krankheit. Die Zwillinge wissen nichts über das frühere Leben des jeweils anderen.
Wiedergeburt
Wiedergeburt
Zwillinge
Aquamarin Hoshino
Genannt: Aqua
Ruby Hoshino
Genannt: Ruby
MEIN STAR

【Mein ♥ Star】

Spica, der hellste Stern

✱ Kapitel 1 005

✱ Kapitel 2 060

✱ Kapitel 3 115

✱ Epilog 155

Bonuskapitel: Perspektive B 165

Kapitel 1

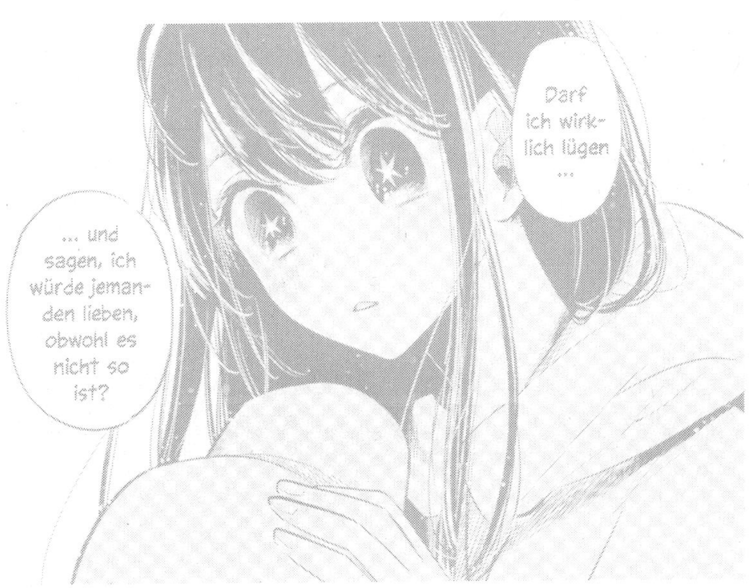

【Mein♥Star】

Spica, der hellste Stern

»Ich schmeiß meine Karriere als Idol«, verkündete Ai Hoshino mit einem aufgesetzten Lächeln. Sie fühlte sich immer unwohl, wenn Gespräche ernst wurden, und bemühte sich deshalb um einen möglichst lockeren Tonfall. Und so äußerte sie den Entschluss, ihre Idol-Karriere zu beenden, so unbeschwert, als würde sie erklären, für eine Diät auf Snacks zu verzichten oder die Schule zu schwänzen, weil sie einfach keine Lust habe.

Doch ihr Vorhaben scheiterte. Ihr Gegenüber machte keinen Hehl aus seinem Entsetzen: »Halt! Halt! Halt! Mach mal halblang!« Er war der Chef der Agentur und hieß, wenn Ai sich richtig erinnerte, Sato. Oder Ito. Oder irgendwie so ähnlich. Er stand nun mit heruntergeklappter Kinnlade vor ihr und starrte sie fassungslos an.

»Hast du gerade gesagt, du schmeißt deine Karriere als Idol? Das kann doch nicht dein Ernst sein!«

Sie waren im Konferenzraum der Agentur Ichigo Production. Ein kleiner Raum, der gleichzeitig für den Empfang von Gästen, als Lager für Requisiten und Raucherecke des Chefs diente. Typisch für kleinere Agenturen wie diese. Ai war direkt nach ihrem dreistündigen Tanzunterricht noch in Sportbekleidung hergekommen, heimlich und alleine, damit es die anderen Mitglieder, die sich gerade umzogen, nicht bemerkten. Sie hatte dem Chef persönlich mitteilen wollen, dass sie aus der Idolgruppe *B-Komachi* aussteigen möchte.

»Es ist an der Zeit, zu meinem nächsten Lebensabschnitt überzugehen. Findest du nicht?«

Der Chef starrte sie noch immer ungläubig an. Sie konnte spüren, wie ihr sein Blick hinter den Gläsern seiner Sonnenbrille sagen wollte: *Was redest du da für einen Scheiß?*

»Zum nächsten Lebensabschnitt? Du bist doch gerade mal seit drei Monaten dabei. Das ist noch viel zu früh, um schon auszusteigen.«

»Es ist doch nicht verboten, nach drei Monaten auszusteigen, oder?«

»Na ja, das nicht ...«, stammelte der Chef mit gerunzelter Stirn. »Aber das meinst du jetzt doch nicht wirklich ernst, oder? Bitte sag, dass das ein Scherz ist.«

»Nein, ich mache keine Scherze. Ich hab beschlossen auszusteigen.«

Als Ai ihren Entschluss unmissverständlich klarmachte, zog der Chef seine Augenbrauen zusammen und schaute bekümmert drein. Viele Erwachsene machten so ein Gesicht, wenn sie mit einem Problemkind konfrontiert wurden. Ai hatte diesen Ausdruck schon etliche Male gesehen. Sowohl bei den Mitarbeitern des Waisenheims als auch bei den Lehrern in der Schule. Alle schauten sie so an, als wäre sie ein schwieriges Kind, das ihnen nur Probleme bereitete.

Der Chef seufzte.

»Wieso denn? Ai, du bist doch der Center von *B-Komachi*. Du bekommst die meisten Solo-Parts in den Songs und vor der Kamera. Was willst du mehr?«

Hinter ihm stand ein Whiteboard, auf dem ein Flyer mit Magneten befestigt war. Es war die Ankündigung für ein Konzert, das letzte Woche in Shimokitazawa veranstaltet worden war, zusammen mit zwei weiteren Underground-Idolgruppen. Auf dem Flyer war auch ein Foto von *B-Komachi* abgedruckt – mit Ai in der Mitte. Sie neigte kokett ihren Kopf und formte mit beiden Händen ein Herz.

Im Nachhinein fand sie die Pose ziemlich albern. Jetzt, da sie beschlossen hatte, ihre Idol-Karriere aufzugeben, konnte ihr das aber egal sein.

»Ich bin nicht unzufrieden oder so«, antwortete sie zögernd und zuckte mit den Schultern. »Darf ich denn nicht einfach aufhören, weil ich aufhören möchte?«

»Natürlich nicht«, konterte der Chef wie aus der Pistole geschossen. »*B-Komachi* kommt gerade erst in Fahrt. Ihr werdet zwar immer noch als Underground-Idols behandelt, aber wenn ihr Konzerte gebt, füllt ihr die Hallen doch ziemlich gut. Die Fans und auch die Mitarbeiter der Agentur setzen große Hoffnungen in euch. Und wenn du als Frontfrau der Gruppe plötzlich aussteigst, was denkst du passiert dann? All die Mühen wären umsonst.«

Seine Standpauke ging bei Ai zum einen Ohr hinein und zum anderen wieder hinaus. Sie wusste nur allzu gut über die Situation ihrer Gruppe Bescheid.

B-Komachi war erst vor drei Monaten gegründet worden. Die Gruppe bestand derzeit aus sieben Mitgliedern, die allesamt unter fünfzehn Jahre alt waren. Ursprünglich waren sie Models gewesen, die bei Ichigo Production unter Vertrag standen – mit Ausnahme von Ai. Sie hatte bis letztes Jahr ein Leben geführt, das nichts mit dem Showbusiness zu tun hatte. Und genau darin bestand das Problem.

»Du weißt ja, ich bin *B-Komachi* auf anderem Wege beigetreten als der Rest der Gruppe.«

»Stimmt«, stellte der Chef fest und nickte. »Ich hab dich auf der Straße angesprochen, weil du eine ganz besondere Ausstrahlung hast.«

Es bereitete ihr immer noch Freude zu hören, dass er ihr Potenzial erkannte.

»Ja, ich bin halt unglaublich süß. Da gebe ich dir vollkommen recht.«

»Meine Fresse, mehr Selbstbewusstsein könnte man gar nicht haben«, bemerkte der Chef etwas verdutzt, woraufhin Ai zufrieden nickte und fortfuhr.

»Und tatsächlich wurde ich direkt zum Center der Gruppe ernannt. Du hattest also den richtigen Riecher.«

»Danke sehr.«

»Aber irgendwie kommt das alles nicht so gut an.«

»Wie? Bei wem jetzt?«

»Bei den anderen von *B-Komachi.*«

Für die restlichen Mitglieder musste es extrem frustrierend sein, dass ein Neuling ohne jegliche Erfahrung im Showbusiness auf einmal zum Center ernannt wurde, der Platz innerhalb einer Gruppe, der die meiste Aufmerksamkeit erhält.

»Ist etwas zwischen euch passiert?«

»Ja, kann man so sagen«, antwortete Ai etwas ausweichend. »Ich hab das Gefühl, dass ohne mich die Stimmung besser ist.«

»Hmm«, brummte der Chef nachdenklich. »Ja, kann sein, dass die Stimmung ein bisschen angespannt ist, seit du zum Center erklärt wurdest.«

»Ein bisschen angespannt? Ich würde eher sagen: total gereizt.«

Ein Monat war vergangen, seit der Chef sie zum Center der Gruppe ernannt hatte. Seitdem waren ihre Kolleginnen immer heftiger gegen sie vorgegangen. Längst gehörte es zur Tagesordnung, dass sie hinter ihrem Rücken tuschelten. Auf inoffiziellen Websites von *B-Komachi* wurden Dinge geschrieben, die größtenteils gar nicht stimmten. Dort wurde sie beleidigt mit Behauptungen wie »Ai kann nicht zwischen den Zeilen lesen« oder »Ein Mädchen, das nur gut aussieht, gibt noch lange kein gutes Idol ab«. Die Posts waren natürlich anonym, weshalb sie niemanden dafür zur Verantwortung ziehen konnte. Doch die Inhalte waren oft so spezifisch, dass sie eindeutig nur von jemandem aus der Gruppe stammen konnten. Zudem wurde an ihren Kostümen und Requisiten herumgepfuscht. Dass ihr Schmuck oder ihre Schuhe verschwanden, war schon fast alltäglich. Einmal hatte Ai ihr Kostüm am Tag vor ihrem Auftritt zusammengeknüllt im Mülleimer gefunden. All die Schikanen trafen sie auf eine subtile, aber spürbare Weise.

»So was kenne ich aber schon. In der Schule und im Heim sind solche Sachen auch ständig passiert.«

In den zwölf Jahren ihres bisherigen Lebens hatte Ai zwei wichtige Dinge gelernt. Erstens, dass sie in vielerlei Hinsicht nicht »normal« zu sein schien: Ihr Aussehen, ihre Denkweise, ihre Herkunft, ihr Lebensumfeld – all das unterschied sie stark von ihren Altersgenossen. Längst hatte sie sich daran gewöhnt, als merkwürdig empfunden zu werden. Zweitens, dass »normale« Menschen all diejenigen, die von ihrer Norm abweichen, nicht akzeptieren können und sie deshalb angreifen und ausschließen. Das tun sie, um ihre eigene, »normale« Welt zu verteidigen. Wie in dem Märchen vom hässlichen Entlein, das von den anderen ausgestoßen wird, weil es anders aussieht als sie. Vielleicht ist das ein Instinkt, der tief in jedem

Lebewesen verankert ist. Und Ai war überall – ob in der Schule, im Waisenheim oder in *B-Komachi* – eine Außenseiterin. Sie war das hässliche Entlein für die »normalen« Leute, das man ausschließen musste, um seine eigene Lage zu verbessern.

»Du willst also aussteigen, weil die Stimmung innerhalb der Gruppe gereizt ist?«, hakte der Chef nach.

»Genau«, bestätigte Ai und nickte. »Du meintest doch mal, dass ich lügen und sagen darf, ich würde jemanden lieben. Und dass Lügen irgendwann zur Wahrheit werden können.«

»Das hab ich gesagt, ja.« Mit diesen Worten hatte er sie damals gescoutet. Durfte sie wirklich Liebe ausdrücken, obwohl sie noch nie jemanden geliebt hatte oder geliebt wurde? Um sich darüber zu vergewissern, war Ai auf seinen Vorschlag eingegangen.

»Aber irgendwie ist das komplette Gegenteil dabei rausgekommen.«

»Das Gegenteil?«

»Je mehr ich mich anstrenge, desto mehr gehe ich den Mädels auf die Nerven. Es fühlt sich an, als würde ich Hass statt Liebe verbreiten. Das zieht mich schon irgendwie runter.«

Einige Mitglieder von *B-Komachi* schikanierten Ai jedes Mal, wenn sie sich sahen. Auch wenn sie an solche Situationen gewohnt war, tat es noch immer weh, die Feindseligkeit am eigenen Leib zu spüren. Wurde im Internet schlecht über sie geredet, verlor sie die Motivation. Wurden ihre Sachen beschädigt, musste sie immer wieder seufzen. Idols sollten ja stets ein Lächeln auf den Lippen haben, aber Ai war einfach nicht zum Lächeln zumute. Wenn sie trotzdem vor der Kamera ein Lächeln aufsetzen musste, kam ihr alles im wahrsten Sinne des Wortes lächerlich vor. Sie fragte sich dann, wofür sie überhaupt als Idol arbeitete.

»Okay, ich versteh schon, was du meinst«, meinte der Chef und machte ein bedrücktes Gesicht. Er hob einen Zigarettenstummel vom Aschenbecher hoch, um noch einmal daran zu ziehen. »Aber es ist noch zu früh, um aufzugeben. Es passiert ständig im Leben, dass etwas nicht klappt, obwohl man sein Bestes gibt.«

»Na ja, bei dir scheint ja überhaupt nichts im Leben zu klappen«, unterbrach ihn Ai, woraufhin sich der Chef am Rauch verschluckte und heftig husten musste.

»M... Moment mal. Das ist schon ziemlich hart, was du da sagst.«

»Ist doch wahr. In deinem Leben scheint nichts zu klappen.«

»Wie meinst du das bitte?«

»Du steckst bis über beide Ohren in Schulden und die Geschäfte laufen auch nicht wirklich gut. Außerdem hast du im Nachtclub aus Frust so viel getrunken, dass du den Hostessen auf die Nerven gegangen bist und rausgeworfen wurdest, hab ich recht?«

»Okay, okay, das stimmt schon! Du hast ja recht! Wer zum Henker hat dir das alles erzählt?!«

»Miyako.«

So hieß eine Mitarbeiterin von Ichigo Production, die eine gute Figur und ein hübsches Gesicht besaß und früher angeblich als Grid-Girl und Hostess gearbeitet hatte. Sie war zwar keine enge Freundin von Ai, aber doch eine der wenigen Personen innerhalb der Agentur, mit denen sie sich nett unterhalten konnte.

»Ich vermute, du hast es auch nicht leicht im Leben. Aber Kopf hoch, okay?«

»Hey! Schau mich nicht so mitleidig an! Das zieht mich echt runter!«, beschwerte sich ihr Chef, bevor ihm ein tiefer Seufzer entfuhr. »Meine Güte. Du sagst wirklich, was du denkst. Und zwar offen und direkt, ohne auf die Stimmung zu achten. Du bist echt unglaublich ...«

»Findest du? Danke schön.«

Als Ai ihn anlächelte, verzog er das Gesicht.

»Das sollte kein Kompliment sein! Ein wenig kann ich ja verstehen, warum die anderen Mitglieder dich nicht mögen. Mir ist deine Art nicht unsympathisch, aber es gibt sicher viele, die sich davon ernsthaft auf den Schlips getreten fühlen.«

»Ach so?«

Ai pflegte, stets ihre ehrlichen Gedanken und Gefühle auszudrücken, ohne damit eine bestimmte Reaktion provozieren zu wollen, weder Zuneigung noch Hass.

»Hmm. Wenn ich die Stimmung verderbe, wäre es wohl wirklich besser ohne mich.«

»Nein, die Schuld liegt nicht allein bei dir. Das Problem liegt eher bei denen, die neidisch sind.«

Nachdem der Chef seine Zigarette erneut im Aschenbecher ausgedrückt hatte, zog er eine neue aus seiner Tasche, zündete sie an und fuhr fort.

»Na ja, im Grunde läuft das in dieser Branche überall so.«

»So? Wie denn?«

»Überall herrscht ein Sturm aus Eifersucht und Schikanen. Egal ob in einer kleinen oder in einer großen Agentur. So sind Idols eben. Sie ärgern sich, wenn jemand anderes mehr

Blicke auf sich zieht als man selbst. Und wer sie ärgert, dem wollen sie ein Bein stellen. Wie sagt man so schön? Je höher der Baum, desto neidischer der Wind. Nach außen behauptet man natürlich, alle würden gut miteinander auskommen und es herrsche Friede, Freude, Eierkuchen. Aber Idols haben nun mal ein starkes Bedürfnis nach Anerkennung«, grummelte der Chef.

Ai hatte in den letzten Monaten bereits erkannt, dass die Welt der Idols nicht so schön war, wie sie auf Außenstehende wirkte.

»Selbst in den berühmtesten Gruppen kommt es ja vor, dass ein Idol auf dem Höhepunkt ihrer Karriere plötzlich den Rücktritt erklärt«, fuhr der Chef mit betrübter Miene fort. »Später stellt sich dann heraus, dass sie innerhalb der Gruppe heftig gemobbt wurde. Ein typisches Phänomen in dieser Branche.«

»Ach ja, solche Geschichten werden oft in Boulevardmagazinen ausgepackt.«

Der Chef drückte seine Zigarette im Aschenbecher aus.

»Auf jedes erfolgreiche Idol kommen Hunderte, Tausende, die es nicht schaffen. So funktioniert diese Welt. Jeder ist verzweifelt darum bemüht, zu überleben. Und in Reaktion auf diesen seelenaufreibenden Wettbewerb greifen manche nach jedem Strohhalm und schrecken auch vor der Sabotage anderer nicht zurück. Bestimmt kannst du verstehen, wie sich solche Idols fühlen.«

Ai neigte nachdenklich den Kopf. Für sie war das Singen auf der Bühne bloß ihr Job. Die Freude des Publikums und dass es ihr zujubelte war einfach nur ein Teil davon, wenn auch ein angenehmer. Deshalb spielte es für sie keine Rolle, wer Center von *B-Komachi* oder am beliebtesten war.

»Selbst wenn ein anderes Mädchen beliebter als ich wäre, würde ich mir nicht wünschen, dass sie fällt«, antwortete sie nach reifem Überlegen.

Überrascht hob der Chef die Augenbrauen.

»Echt? Wieso nicht?«

»Weil die Beliebtheit letztlich nur davon abhängt, wie andere Leute einen bewerten. Und so was ist mir egal.«

»Egal, sagst du?«

»Ich bin ich, ob ich nun gelobt oder kritisiert werde. An meiner Aufgabe als Idol ändert sich nichts, egal ob ich im Mittelpunkt stehe oder am Rand der Bühne.«

Auf ihre Antwort hin machte der Chef ein besorgtes Gesicht.

»Aha, verstehe. So tickst du also. Das macht die Sache schwierig.«

»Wieso?«

»Weil du eine ganz andere Einstellung hast als der Rest der Gruppe. Du bist wirklich anders, im guten wie im schlechten Sinne.«

Anders. Es war nichts Neues für Ai, so bezeichnet zu werden. Wahrscheinlich war das die Wurzel allen Übels. Weil sie nicht »normal« war und nicht zwischen den Zeilen lesen konnte, konnte sie andere auch nicht verstehen. Sie wusste weder, was für Idols »normal« sein sollte, noch, was für Menschen als »normal« galt.

»Das alles bringt mich zum Nachdenken. Ich hab das Gefühl, dass ich gar nicht als Idol geeignet bin.«

»So ein Unsinn«, erwiderte der Chef und schüttelte den Kopf. »Ai, ich flehe dich an. Kannst du es bitte noch mal überdenken? Ihr habt gerade erst ein neues Lied bekommen und euer nächster Auftritt steht schon fest. Wenn du jetzt aussteigst, ist es vorbei. Sowohl mit mir als auch mit *B-Komachi.*«

»Hmm, meinst du?«, fragte Ai misstrauisch. »Wenn ich aussteige, könnt ihr einfach jemand anderen zum Center machen oder ein neues Mitglied finden, oder etwa nicht?«

Idols gab es wie Sand am Meer. Mit Sicherheit ließe sich jemand finden, der besser singen, tanzen und mit anderen Menschen umgehen konnte als Ai. Sie hatte keinen Zweifel daran, dass ihr Chef schnell einen Ersatz für sie finden würde.

»Egal, wer die Center-Position übernimmt, schlimmer als jetzt kann es ja nicht werden«, merkte Ai an.

»Das stimmt doch gar nicht ...«, murmelte der Chef, brach jedoch mitten im Satz ab. Ai vermutete, dass er insgeheim ebenfalls dachte, dass sich die Stimmung innerhalb der Gruppe mit jemand anderem verbessern würde. Und warum auch nicht? Jede vernünftige Person würde das denken. Um ihm Mut zu machen, setzte Ai ein Lächeln auf.

»Du willst doch auch, dass *B-Komachi* erfolgreich ist, oder?«

»Natürlich will ich das. Weißt du, wie viel ich investiert habe?«

»Dann gibt es doch keinen Grund zu zögern.«

Genervt kratzte sich ihr Chef am Hinterkopf und griff in seine Innentasche, um eine weitere Zigarette herauszuholen. Doch die Schachtel war bereits leer. Frustriert zerdrückte er sie in der Hand.

»Was wird dann aus dir?«, schoss es plötzlich aus ihm heraus.

»Aus mir?«, wiederholte Ai überrascht.

»Was machst du, wenn du kein Idol mehr bist? Willst du aus dem Showbiz aussteigen und wieder wie ein ganz normales Mädchen leben?«

Ein ganz normales Mädchen. Wäre sie wirklich »normal« gewesen, wäre sie vielleicht gar nicht auf die Idee gekommen, ihre Karriere als Idol aufzugeben. *Ironie des Lebens,* dachte sich Ai.

»Auch wenn ich meine Karriere als Idol beende, wird sich bestimmt nichts an meinem Leben ändern. Ich fühle mich sowieso nicht als Promi.«

B-Komachi war nur eine von vielen Underground-Idolgruppen, mit dem kleinen Unterschied, dass die Mitglieder zu einer Agentur gehörten. Der Meinung von Ai nach hoben sie sich kaum von Amateuren ab. Die Zuschauerzahlen bei ihren Auftritten hatte sich zwar leicht erhöht, aber im Fernsehen traten sie nicht auf und ihre CDs stürmten nicht die Charts. Ihr größter Erfolg war vielleicht, dass sie eine eigene Online-Radioshow hatten. Der Rücktritt eines bekannten Idols würde für Schlagzeilen sorgen, aber das Verschwinden eines der hunderten unbekannten Idols würde kaum jemanden interessieren. Ai würde von der Bühne abgehen, ohne damit im Netz große Wellen zu schlagen.

»Hmm, aber gute Frage«, murmelte Ai und verschränkte die Arme. »Wenn ich die Agentur verlasse, sollte ich vielleicht wieder ordentlich zur Schule gehen. Mit meinen Noten schaffe ich es sicher ohnehin nicht auf die Oberschule, da kann ich einfach die Mittelstufenzeit genießen.«

Auf ihre Antwort hin nickte ihr Chef mit ernster Miene. Dann sah er ihr direkt in die Augen und sagte: »Dein Entschluss steht also fest?«

»Ja.«

»Dann lässt sich das wohl nicht ändern«, seufzte er. »Genieß dein Schulleben oder was auch immer.«

»Heißt das, ich darf meine Karriere als Idol beenden?«

»Du würdest sowieso nicht auf mich hören, auch wenn ich dich zurückhalte.«

»Oh! Du kennst mich in- und auswendig, Chef.«

»Auch wenn ich das gar nicht wollte«, brummte er und verzog das Gesicht. Es war erst ein halbes Jahr her, seit sie sich kennengelernt hatten, aber in der Zeit schien er Ai gut beobachtet zu haben. Während sie sich nicht einmal seinen Namen gemerkt hatte.

»Also gut, dann ist das abgemacht«, sagte Ai und machte Anstalten aufzustehen. Dem Chef schien jedoch plötzlich etwas einzufallen.

»Ah, einen Moment noch!«

»Hm?«

»Ich hab noch eine letzte Aufgabe für dich, bevor du aussteigst.«

»Eine Aufgabe?«

Ai war neugierig, worum es sich handeln könnte.

»Begleite mich diesen Sonntag. Ich möchte dich zum Schluss noch um einen Gefallen bitten.«

※

Wolkenkratzer ragten zum Himmel empor, soweit das Auge reichte. Schaufenster glitzerten im Sommerlicht. In Ginza herrschte ein großes Getümmel, weil jeder das Wochenende genoss. Bei jedem Ampelwechsel bewegte sich eine riesige Menschenmenge, was Ai aus irgendeinem Grund an einen Schwarm Fische erinnerte, den sie einmal im Fernsehen gesehen hatte. Dort wurde gezeigt, wie sich die kleinen Fische zusammentun, um sich gegen die großen zu wehren. Angeblich eine Art Verteidigungsinstinkt. Bildeten Menschen aus demselben Grund wie die Fische so gern eine Schar? Als Ai diese Gedanken durch den Kopf schossen, erkundigte sich ihr Chef, der neben ihr ging: »Alles klar? Du siehst bedrückt aus. Hat dir der Italiener vorhin nicht geschmeckt?«

»Nee, daran liegt es nicht«, antwortete Ai und überquerte den Zebrastreifen.

Erst fünf Tage waren vergangen, seit sie angekündigt hatte, ihre Karriere als Idol aufzugeben. Seitdem hatte sie wie gewohnt die Lieder geprobt und an Online-Fan-Meetings teilgenommen. Und ehe sie sich versehen hatte, war es schon Sonntag geworden, der Tag ihrer Verabredung.

Für ihre letzte Aufgabe nahm der Chef sie in dieses belebte Viertel mit. Statt sie direkt zur Arbeit zu schleppen, hatte er sie zuerst zum Mittagessen in einem italienischen Restaurant in der Nähe des Bahnhofs eingeladen. Es war die Filiale einer beliebten und günstigen Restaurantkette, wo Schüler gerne stundenlang an der Getränkebar hingen.

Der Chef runzelte die Stirn, weil er eine Vermutung hatte.

»Ach, jetzt weiß ich. Bist du sauer, weil das Reisgratin nur dreihundert Yen gekostet hat? Solche Billigrestaurants sind ja normalerweise nicht der Ort, wohin man von seinem Chef eingeladen wird.«

»Quatsch. Mir hat das Reisgratin geschmeckt. Außerdem weiß ich ja, dass du und die Agentur knapp bei Kasse seid.«

»Du nimmst echt kein Blatt vor den Mund. Okay, ist auch die Wahrheit.«

Ihr Chef lachte ein wenig verlegen. Er trug ein simples weißes Hemd und eine dunkelblaue Hose. Nichts Besonderes, keine Markenware. Nur die Sonnenbrille, die ihm viel bedeutete, hatte er angeblich im Ausland gekauft. Abgesehen davon war sein Outfit schlicht und günstig. Weit entfernt von dem, was man sich unter einem Firmenchef oder einen Mann vorstellte, der im Showbusiness tätig war. Denn wie er schon zugegeben hatte, steckte er finanziell in der Klemme.

Nun ließ er seine Schultern hängen und seufzte: »Eigentlich würde ich dich ja gern zum Sushi oder Aal einladen und teuren Shochu bestellen. Die Welt ist aber hart zu den Schwachen.«

»Ach, Kopf hoch. Wenn *B-Komachi* erst mal durchstartet, wirst du sicher im Geld schwimmen. Dann kannst du Shochu in Hülle und Fülle trinken, als wäre es Saft.«

»Das wäre schon nicht übel«, stimmte er ihr zu und sah sie leicht verbittert an. »Aber jetzt, wo der Star der Gruppe aussteigen will, sieht's für meine Lebensplanung ziemlich düster aus.«

Ai merkte, dass das Gespräch in eine heikle Richtung ging, wenn sie weiter über den Geldmangel ihres Chefs sprachen. Also wechselte sie schnell das Thema.

»Und, was soll ich denn heute machen? Wir sind hier nicht nur zum Mittagessen, nehme ich an?«

»Genau, unser eigentliches Ziel liegt noch vor uns.«

Mit diesen Worten bahnte sich der Chef einen Weg durch die Menge. Sie gingen an einem großen Kaufhaus vorbei und dann eine Straße mit kleinen Boutiquen entlang. Ai fragte sich, wohin es wohl gehen sollte. Die Hitze des reflektierenden Asphalts ließ in der Ferne eine Fata Morgana tanzen. Da es in der Innenstadt wenig Pflanzen gab, fühlte sich der Sommer hier besonders heiß an. Ai wollte lieber nicht allzu lange durch diese Hitze laufen. Sie fächelte sich mit der Handfläche Luft zu.

»Wie weit müssen wir noch?«

»Nicht mehr weit. Halt noch ein bisschen durch.«

Ai nickte brav. Sie hatte ihm ja einiges zu verdanken. Wenn das ihre letzte Aufgabe sein sollte, war sie bereit, ein wenig Geduld aufzubringen.

Während sie die Hauptstraße von Ginza entlanggingen, spürte sie, wie die Passanten zu ihr spähten. Sie konnte Kommentare hören wie: »Die ist ja mega süß« oder »Ist sie ein Promi?«.

»Echt schade«, murmelte der Chef.

»Hm? Schade worum?«

»Na, um dich. Du bekommst so viel Aufmerksamkeit, wenn du bloß die Straße entlanggehst. Echt schade, dass du als Idol aufhörst.«

»Tja, ich bin halt hübsch.«

Auf ihre Antwort hin schnalzte der Chef verärgert mit der Zunge.

»Genau. Weil du so hübsch bist, macht mich das sauer.«

»Die Leute kennen *B-Komachi* aber anscheinend gar nicht. Das heißt, ich kann es vielleicht gar nicht zu etwas Großem bringen.«

Stars müssen sich oft verkleiden, wenn sie das Haus verlassen. Vor allem, seit das Internet so allgegenwärtig ist. Ein Foto mit dem Handy und schon verbreitet sich das Privatleben eines Stars im Netz.

Doch mit so einem Problem waren Underground-Idols wie *B-Komachi* nicht konfrontiert. Es gab nicht viele Menschen, die sich für das Privatleben eines bestimmten Mitglieds interessierten. Und weil es keine Nachfrage gab, stellte auch kaum jemand Informationen über sie ins Netz. Verglichen mit der Welt der Stars war die von Ai und ihren Kolleginnen eine friedliche. Deshalb musste sie sich nicht verkleiden, was ziemlich entspannt war.

»Klar, im Moment seid ihr ja nur im Untergrund aktiv und noch nicht weithin bekannt«, meinte der Chef. »Du hast aber trotzdem eine Menge Fans, die dich unterstützen.«

»Stimmt, im Netz gibt es einigermaßen viele Reaktionen.«

Ai checkte manchmal im Internet, was über sie gesagt wurde. Die Meinung der Fans machte mehr oder weniger den Wert eines Idols aus. Also gehörte es zu ihrem Job, im Auge zu behalten, was über sie gedacht wurde.

»Na ja, aber es waren auch nur einigermaßen viele. Weder ich noch *B-Komachi* sind je bei den Suchanfragen getrendet.«

»Klar, die Anzahl eurer Fans kann sich noch lange nicht mit der von Top-Idols messen. Aber es gibt definitiv Leute, die dich von Herzen mögen.«

»Von Herzen? Inwiefern?«

»Na, denk an die Fanpost. Die kriegst du doch regelmäßig nach den Shows.«

Ai fragte sich, was er damit meinte, und sah ihren Chef ratlos an. Der fuhr fort: »Es ist einfach, im Netz von seinem Star zu schwärmen. Aber bei Fanpost steckt echter Aufwand dahinter. Die Mühe macht sich nur ein echter Fan.«

»Stimmt, das leuchtet ein.«

»Du kriegst doch jedes Mal ziemlich viele Briefe, oder? Und man sieht oft dieselben Namen. Das heißt, du hast richtige Stammfans.«

»Ach so. Wusste ich gar nicht.«

»Ach so? Du klingst ja, als ginge dich das gar nichts an. Ich hab dir die Post doch jedes Mal gegeben.«

»Hmm, stimmt. Kann sein.«

Hätte es der Chef gerade nicht erwähnt, wäre es Ai gar nicht aufgefallen, dass es so etwas wie Fanpost gab. Die Briefe hatte sie einfach zu dem anderen Papierkram in ihr Schließfach in der Agentur gestopft.

Der Chef sah sie mit einem Blick an, der halb genervt, halb enttäuscht war.

»Hast du sie etwa nicht gelesen? Na hör mal ...«

»Ich mag es halt nicht, Briefe zu lesen.«

»Wieso denn?«

»Keine Ahnung.«

Ai zuckt ausweichend mit den Schultern. Es gab durchaus einen Grund, warum sie ungern Briefe las. Dieser lang weit zurück in ihrer Kindheit, kurz nachdem sie von ihrer Mutter getrennt und in ein Heim gesteckt worden war. Damals hatte Ai sehnsüchtig darauf gewartet, dass sich ihre Mutter bei ihr meldet. Ai war zwar immer und immer wieder von ihr geschlagen worden, aber sie war doch ihre leibliche Mutter.

Es mochte Umstände geben, die es ihrer Mutter unmöglich machten, sie abzuholen, aber sicherlich würde sie ihr eine Nachricht schicken. Davon war Ai überzeugt gewesen. Und so hatte Ai ihre Tage damit verbracht, den Briefkasten des Waisenheims anzustarren.

Doch letztendlich hatte sie nie einen Brief von ihrer Mutter erhalten. Nur einen Brief eines Anwaltes, der behauptete, ihre Mutter zu vertreten. Das war im ersten Winter gewesen, nachdem Ai im Waisenheim untergebracht worden war. Der Anwalt hatte erklärt, dass Ais Mutter nach ihrer Freilassung aus der Polizeihaft spurlos verschwunden war. *Meine Mutter hat mich verlassen.* So lautete die schmerzhafte Wahrheit, die der Brief ihr vermittelte.

Vermutlich hatte ihre Mutter von Anfang an wenig für Ai übriggehabt. Eine Tochter, die nicht »normal« war und nicht einmal die sozialen Regeln verstand, hatte sie in ihrem Leben wohl nicht gebraucht.

Seitdem hatte Ai nicht mehr auf einen Brief von ihrer Mutter gewartet. Es war ihr sogar zuwider geworden, Briefe auch nur zu sehen. Immer, wenn sie einen Brief öffnete, hatte sie das mulmige Gefühl, darin könnten nur schlechte Nachrichten stehen.

»Na ja, egal.«

Vielleicht hatte der Chef bemerkt, dass etwas hinter Ais düsterer Miene steckte. Denn er schien nicht vorzuhaben, das Thema weiter zu vertiefen. Er wischte sich den Schweiß von der Stirn und schaute sich um.

»Gleich trockne ich aus. Ich hol uns was aus dem Automaten. Ist Oolong-Tee okay?«

»Ah, ja. Danke.«

Ai lächelte dankbar zurück. Ihr Chef hatte wirklich ein feines Gespür für unausgesprochene Gefühle des Gegenübers. Ganz im Gegensatz zu ihr.

»Da wären wir.«

Nach einem kurzen Fußmarsch durch den sechsten Block von Ginza blieb der Chef vor einem Gebäude stehen. Es war ein riesiges, siebenstöckiges Kaufhaus, dessen Fassade komplett verglast war. Es sah so aus, als wären alle Stockwerke mit Modegeschäften belegt. Auf dem Etagenplan am Eingang standen Namen wie Vuitton, Gucci, Prada und andere Designermarken.

»Hier soll ich arbeiten?«, fragte Ai verwirrt.

»Ja, so in der Art«, nickte der Chef.

Während Ai noch wie angewurzelt dastand, öffnete der Chef unbekümmert die Glastür des Eingangs. Er bewegte sich zielstrebig ins Innere des Kaufhauses, als würde er sich dort bestens auskennen. Ai folgte ihm. Die klimatisierte Luft fühlte sich so erfrischend an wie eine Oase in der Wüste. Die Einrichtung des Ladens war in einem stilvollen Schwarzweiß gehalten. Zusammen mit der luxuriösen Verzierung gab sie dem Ort eher das Flair einer Lounge als eines Bekleidungsgeschäfts. An den bogenförmigen Ständern hingen Kleidungsstücke, die geradezu herausposaunten: »Wir sind die Spitzenreiter der Mode!«. Sie zeichneten sich durch eine perfekte Balance zwischen modern und schick aus. Für Ai, die normalerweise in preiswerten

Modegeschäften einkaufen ging, war dieser Ort wie eine ganz andere Welt. Was sollte sie wohl hier in diesem Kaufhaus tun? Sie hatte nicht die geringste Ahnung, aber im Moment bleibt ihr nichts anderes übrig, als ihrem Chef zu folgen.

Sie gingen gemeinsam die Rolltreppe hoch, auf die obere Etage, und erreichten die Abteilung für Jugendmode. Die Kleidung hier unterschied sich deutlich von dem, was eine durchschnittliche Teenagerin trug – sowohl im Design als auch im Preis.

Ai neigte fragend den Kopf.

»Soll ich etwa als Model jobben?«

»Nee. Underground-Idols wie *B-Komachi* werden nicht von bekannten Designermarken als Model engagiert werden.«

Ai nickte verständnisvoll. Models müssen Personen sein, die von der Zielgruppe der Modemarke bewundert werden und ihr Kaufverlangen wecken. Für ein Underground-Idol, das erst seit wenigen Monaten tätig war, war ein solcher Job zu hoch gegriffen. In der Agentur hatte Ai einmal gehört, dass man mindestens ein paar Fernsehsendungen haben müsste, in denen man regelmäßig auftrat, um als Model engagiert zu werden.

»Wie dem auch sei«, fuhr der Chef fort. »Wenn ihr weiter Karriere macht und berühmt werdet, könntet ihr sicherlich auch als Model arbeiten. Besonders du, Ai, mit deinem Aussehen …«

»Schon gut, das Thema interessiert mich nicht. Ich werde ja sowieso meine Karriere als Idol schmeißen.«

»Mensch, du gibst mir nicht mal eine Chance, dich zu überreden.«

Der Chef machte ein enttäuschtes Gesicht. Doch Ai hatte nicht vor, ihre Meinung zu ändern.

»Wozu hast du mich dann hergebracht?«

»Na, um shoppen zu gehen. Ist doch klar.«

»Shoppen? Du willst was kaufen?«

Als Ai das fragte, nickte der Chef. Was hatte das zu bedeuten?

»Aber hier sind doch nur Läden für Mädchen. Die bieten hier glaube keine Klamotten für ältere Herren wie dich an.«

»Hey. Ich bin noch immer halbwegs jung.«

Die Art und Weise, wie er darauf beharrte, bewies erst recht, dass er nicht mehr der Jüngste war. Ai beschloss jedoch, diesen Gedanken nicht laut auszusprechen.

»Ach, ich weiß. Du willst deiner Freundin etwas schenken, richtig? Du stehst ja auf junge Mädels, Chef.«

Er brauchte wohl die Perspektive eines jungen Mädchens, um ein Geschenk für seine junge Freundin auszusuchen. Das ergab Sinn. Wenn das so war, verstand Ai auch, warum er sie hergeführt hatte.

»Das geht mich ja eigentlich nichts an. Aber pass auf, Chef. Wenn du was mit Minderjährigen anfängst, kann man heutzutage echt Ärger kriegen.«

»Was redest du da? Es geht um deine Kleidung.«

Ai traute kaum ihren Ohren.

»Meine Kleidung? Wie meinst du das?«

Während Ai ihn noch ratlos ansah, rief der Chef schon eine Verkäuferin herbei.

»Könnten Sie ein paar Sachen für dieses Mädchen hier zusammenstellen? Etwas, das ihr gut stehen würde.«

Eine Verkäuferin mit gefärbten Strähnchen und einem leuchtend pinken Strickkleid kam sofort herüber und antwortete fröhlich: »Natürlich, gerne!«.

Die Verkäuferin schaute zu Ai und machte große Augen.

»Was für ein süßes Mädchen. Bist du heute mit Papa einkaufen?«

»Äh. Na ja, wie soll ich sagen ...?«

Ai linste zum Chef, der seelenruhig für sie antwortete: »Genau, ich bin ihr Papa.«

Er hielt es offenbar für unnötig, der Verkäuferin ihre Umstände zu erklären. Also tat Ai es ihm gleich.

»Ja, so in der Art.«

Dann zog sie an seinem Ärmel und flüsterte ihm zu: »Warum willst du mir Kleidung kaufen? Ist das die Aufgabe, von der du mir erzählt hast?«

»Ja, genau. Ich hab schon länger darüber nachgedacht.«

»Wie jetzt?«

»Privat siehst du immer aus wie ein Landei. Da hielt ich es für schön, wenn du in der Öffentlichkeit mal etwas Anständiges anhast.«

»Etwas Anständiges ...«

Ai wollte gerade widersprechen, aber dann sah sie etwas im Augenwinkel und schwieg. Im Spiegel an der Tür zur Umkleidekabine sah sie sich nämlich selbst – und ihr Outfit war tatsächlich schlicht. Sie trug ein einfaches T-Shirt und darüber einen Pullover, ein Schnäppchen für eintausendneunhundertachtzig Yen vom Wühltisch. Ihre Jeans waren abgetragen und die Löcher an den Knien waren kein modisches Design, sondern Abnutzungserscheinungen, weil sie die Hose zu oft getragen hatte. Es stimmte wohl, dass sie alles andere als modebewusst war. Vielleicht traf es der Begriff »Landei« schon ganz gut. Ai selbst hatte sich bisher nicht viel daraus gemacht, aber wahrscheinlich gab es nur wenige Mädchen, die so schlicht gekleidet durch die belebten Straßen Tokios liefen.

Ihr Chef lächelte sie an.

»Du bist in der Blüte deiner Jugend. Es würde dir sicher nicht schaden, dich ein bisschen rauszuputzen. Such dir in Ruhe etwas aus.«

Mit diesen Worten verließ er den Laden und ging wahrscheinlich eine rauchen. Die Verkäuferin wandte sich mit einem Lächeln an Ai.

»Du hast einen sehr lieben Papa.«

»Hmm.«

War er lieb? Ja, vielleicht. Oder versuchte er etwa, sie mit Geschenken zu ködern? Womöglich wollte er ihr durch teure Geschenke ein schlechtes Gewissen machen, sodass es ihr schwerer fiel, die Agentur zu verlassen. *Das bringt aber nichts*, dachte sich Ai. An ihrer Entscheidung, ihre Idol-Karriere zu beenden, würde sich nichts ändern.

Ahnungslos, was in Ai vorging, fuhr die Verkäuferin fröhlich fort: »Zu deiner zierlichen und schlanken Figur könnte ein mädchenhafter Stil gut passen. Was hältst du von einer Bluse mit Rüschen? Oder vielleicht sogar das komplette Gegenteil, ein jungenhafter Stil? Das könnte einen interessanten Kontrast zu deiner zarten Erscheinung bieten.«

Am liebsten hätte Ai geantwortet, dass sie an beidem kein Interesse hatte. Wenn dies aber ein Teil ihres Jobs sein sollte, dann hatte sie keine Wahl. Sie beschloss, alles über sich ergehen zu lassen und dann schnell nach Hause zu gehen.

»Ich probiere gerne das an, was Sie mir empfehlen. Danke!«, sagte Ai und lächelte die Verkäuferin freundlich an. Ein aufgesetztes Lächeln gehörte schließlich zu ihren größten Stärken.

※

Im Anschluss wurde Ai für fast eine Stunde in der Umkleidekabine festgehalten. Sie musste eine Vielzahl verschiedener Kleidungsstücke anprobieren: Blusen und Latzhosen, Tops mit Spaghettiträgern und ausgestellte Röcke. Egal ob schick, feminin, konservativ oder im amerikanischen Stil, sie probierte einfach alles an. Es kam ihr schon vor, als hätte sie jedes Kleidungsstück dieser Etage mindestens einmal getragen, vielleicht sogar Sachen von den anderen Etagen. So viel wurde ihr zum Anprobieren gegeben. Laut der Verkäuferin war Ai einfach so niedlich, dass sie nicht widerstehen konnte, ihr verschiedene Sachen anzuziehen. Es mochte für die Verkäuferin spaßig sein, aber Ai fühlte sich nicht ganz wohl dabei. Sie wusste nun, wie sich eine Ankleidepuppe fühlen musste.

»Wir haben ja vieles ausprobiert, aber dieses Kleid steht dir wirklich am besten.«

Letztendlich entschieden sie sich für ein niedliches, verspieltes Kleid mit weißen Punkten auf schwarzem Grund. Am Rücken war es weit ausgeschnitten und mit einer großen Schleife zusammengebunden. Dieses Outfit könnte sie auch bei einem Auftritt von *B-Komachi* tragen. Ai musste zugeben, dass sie noch nie etwas so Niedliches in ihrer Freizeit getragen hatte.

Die Verkäuferin schien sehr zufrieden mit ihrer Auswahl zu sein. Sie nickte immer wieder zustimmend und meinte: »Das steht dir wirklich super. Du siehst darin aus wie ein echtes Idol!«

»Aha, ein Idol«, murmelte Ai mit gemischten Gefühlen. Sie lächelte der Verkäuferin höflich zu und bedankte sich, bevor sie die Umkleidekabine verließ.

Wo steckte eigentlich ihr Chef? Wie sollte es mit der Bezahlung des Kleides weitergehen? Während Ai sich umsah, traf ihr Blick zwei bekannte Gesichter.

»Oh, das ist ja Ai.«

»Was für ein Zufall, dich hier zu treffen.«

Zwei Mädchen in ihrem Alter kamen die Rolltreppe herunter. Sie waren Mitglieder von *B-Komachi*. Die eine hatte Mandelaugen und lange braune Haare, die andere ein rundes Gesicht und einen Pagenschnitt. An ihre Namen konnte sich Ai nicht genau erinnern. Vielleicht waren sie zum Shoppen hier. Ein merkwürdiger Zufall, aber kein glücklicher, besonders weil Ai die beiden lieber gemieden hätte. Sie wusste nicht recht, was sie antworten sollte. Als sie sich den Kopf darüber zerbrach, ergriff das Mädchen mit den Mandelaugen das Wort.

»Wir haben gerade Herrn Saito oben im Raucherbereich gesehen. Seid ihr zusammen hier?«

Der leichte Rauchgeruch, der die beiden Mädchen umgab, kam also von ihrem Besuch im Raucherbereich. Ai fand es mutig, so ungeniert dort ein- und auszugehen, obwohl sie doch Idols waren.

Als Ai nickte, verengte das Mädchen mit dem runden Gesicht die Augen.

»Soso. Ihr geht also sonntags zusammen aus? Ziemlich verdächtig.«

»Habt ihr etwa ein Date? Machst du dem Chef schöne Augen?«, spottete das Mädchen mit den Mandelaugen und verzog das Gesicht.

Jetzt geht's wieder los, dachte Ai und seufzte innerlich.

Seit sie zum Center von *B-Komachi* gekürt worden war, gehörten solche Sticheleien zum Alltag. Besonders diese beiden Mädchen nutzten jede Gelegenheit, um ihr das Leben schwer zu machen. Ai bemühte sich, sich ihren Missmut nicht anmerken zu lassen, und antwortete so ruhig wie möglich: »Nein, das Shoppen ist Teil der Arbeit.«

»Aber du willst dir das Kleid von ihm schenken lassen, hab ich recht?«, fragte das Mädchen mit dem runden Gesicht und musterte das Kleid, das Ai anprobiert hatte. »Du hast es gut. Ist sicher teuer, oder?«

»Kann sein. Ich weiß es nicht so genau.«

Auf ihre Antwort hin grinste das Mädchen hämisch.

»Du hast echt Talent dafür, um Sachen zu betteln, was? Heimst dir nicht nur die beste Position in der Gruppe ein, sondern auch teure Geschenke.«

»Bist du etwa so eine, die sich zu ihren Zielen hochschläft? Echt mies. So was kotzt mich an«, flötete ihre Freundin und kicherte.

Ihre Worte machten deutlich, wie sehr sich die beiden Mädchen wünschten, Ai auf irgendeine Weise schlecht zu machen. Worte wie messerscharfe Klingen, die mit hundertprozentiger Bosheit auf sie eingestochen wurden. Die beiden Mädchen schienen Ai wirklich absolut nicht ausstehen zu können.

»Eine Neue, die gleich zum Center ernannt wird? Unmöglich. Das hast du garantiert nur mit schmutzigen Tricks geschafft.«

»Kyunpan und Nino meinten auch, du wärst das Letzte. Für Leute, die hart für ihre Karriere arbeiten, bist du echt eine Zumutung.«

Unmöglich. Das Letzte. Eine Zumutung. Solche Worte konnten Ai nicht verletzen. Sie wusste nämlich, dass sie nicht »normal« war. Darum konnte sie niemanden lieben und deshalb wurde sie auch von niemandem geliebt. Darum hatte ihre Mutter sie verlassen und deshalb wurde sie von ihren Kameradinnen gehasst. Niemand auf der Welt brauchte sie. Sie hätte kein Idol werden sollen. Ai bereute es aus tiefstem Herzen.

Das Mädchen mit den Mandelaugen fixierte sie mit einem scharfen Blick. »Ist dir eigentlich klar, dass du allen zur Last fällst? Wegen dir ist die Stimmung unserer Gruppe total im Keller.«

»Genau«, pflichtete ihr das andere Mitglied bei. »Du hältst uns eh nur für Anhängsel von dir, hab ich recht? Du hast echt einen miesen Charakter.«

»Stimmt doch gar nicht ... Das hab ich noch nie über euch gedacht.«

So lautete Ais ehrliche Antwort. *B-Komachi* war eine Idolgruppe. Sowohl der Gesang als auch der Tanz waren erst vollkommen, wenn sich alle sieben Mitglieder beteiligten. Doch die Mädchen hatten wohl nicht die Absicht, Ais Worte ernst zu nehmen.

»Ha ha, du beachtest uns erst gar nicht?«

»Echt das Letzte. Das kannst du nicht mehr gut machen, indem du dich einfach nur bei uns entschuldigst.«

»Dann macht sie das am besten auf dem nächsten Konzert. Indem sie niederkniet und sich bei uns und den Fans dafür entschuldigt, dass sie sich für was Besseres gehalten hat.«

»Ha ha ha! Genial! Ai, machen wir doch gleich dein Abschiedskonzert daraus. Wir werden dich mit einem Lächeln verabschieden, versprochen!«

Die beiden amüsierten sich prächtig. Wahrscheinlich war das ihre wahre Natur. Während sie Ai mit Beschimpfungen überhäuften, schienen sie sogar glücklicher zu lachen als auf der Bühne. Je länger Ai sie beobachtete, desto deutlicher stieg in ihr die kalte Erkenntnis auf, dass sie diese Mädchen daran hinderte, als Idols glücklich zu werden. Sie hätte gerne ein gutes Verhältnis zu ihnen gehabt. Sie hätte gerne als ein Mitglied der Gruppe mit ihnen zusammen den Fans ihre Liebe verkündet – aber das schien unmöglich zu sein. Wenn Ai ihre Karriere als Idol aufgeben würde, wäre alles wieder gut. Daran bestand kein Zweifel. Vielleicht galt diese Tatsache nicht nur für ihre Arbeit. Vielleicht wäre es für alle das Beste, wenn sie einfach aus dieser Welt verschwinden würde. Wohin sie auch ging, wurde sie ja von niemandem gebraucht.

Bei diesem Gedanken fiel plötzlich eine Träne aus ihrem Auge. Sie rann über ihre Wange und tropfte auf den Boden. Ai war verwirrt. Warum weinte sie? Sie hatte nicht gedacht, dass die Worte ihrer Kolleginnen sie verletzt hätten, und doch flossen die Tränen. Sie dachte, sie sei längst daran gewöhnt, ausgeschlossen zu werden. Warum also die Tränen? Sie verstand ihre eigenen Gefühle nicht.

»Schau nur«, schnaubte das Mädchen mit den Mandelaugen. »Die heult ja.«

»Glaubst du etwa, wir würden dir verzeihen, wenn du weinst? Willst du behaupten, wir wären hier die Bösen? Das bringt mich echt auf die Palme.«

»Du denkst wohl, wenn du weinst, wird dir jemand helfen. Genau das können wir nicht an dir leiden. Du nimmst jeden auf die leichte Schulter und ...«

Gerade als das Mädchen mit den Mandelaugen auf Ai zugehen wollte, donnerte eine zornige Stimme von der Rolltreppe.

»Hey! So redet man nicht mit jemandem, der in derselben Gruppe ist!«

Erschrocken zuckten die beiden Mädchen zusammen. Es war der Chef, der entschlossenen Schrittes und mit gerunzelter Stirn auf sie zukam. Offenbar hatte er ihre bösen Bemerkungen mitbekommen. Man erlebte ihn nur selten so wütend.

»Ihr seid Idols! Ist euch das klar?! Die Fans werden enttäuscht sein, wenn sie euren Streit mitbekommen!«

Als der Chef sie anfuhr, kamen die zwei für einen Moment ins Stocken. Ai war nicht weniger überrascht, weil sie ihn noch nie so zornig erlebt hatte. Doch die Mädchen waren anscheinend unzufrieden, dass er sie zurechtwies, ohne sich ihre Seite der Geschichte anzuhören. Das Mädchen mit den Mandelaugen sah den Chef sogar herausfordernd an.

»Das kriegt doch eh niemand mit. Wir sind keine so bekannten Idols, die das ganze Jahr über von den Medien verfolgt werden.«

»Genau«, stimmte ihr das Mädchen mit dem runden Gesicht zu. »Außerdem ist es ja Tatsache, dass Ai geschummelt hat. Sie hat sich bei dir eingeschmeichelt, um die Center-Position zu bekommen. Sie ist echt hinterhältig.«

»Unsinn«, schnauzte der Chef sie an. »Wir haben Ai ins Zentrum gestellt, weil sie die beste Leistung bringt. Nach den Auftritten ist es immer ihr Name, der auf Internetforen am meisten erwähnt wird.«

Bei diesen ehrlichen Worten runzelten die beiden Mädchen nur verärgert die Stirn.

»Leistung? Meinst du nicht eher, dass sie einfach nur ein hübsches Gesicht hat? Du bist bestimmt auch nur von ihrem Aussehen geblendet.«

»Oh Mann, hübsche Mädchen haben's gut. Sie bekommen die meiste Aufmerksamkeit, ohne sich auch nur die geringste Mühe zu geben.«

Das Mädchen mit dem runden Gesicht warf Ai einen vorwurfsvollen Blick zu, voller Neid und Komplexe, alles andere als »süß«. Aber was sollte Ai tun? Würde sie sich entschuldigen, würden sich die beiden nur noch mehr aufregen.

Der Chef seufzte: »Na hört mal. Meint ihr allen Ernstes, Ai würde sich keine Mühe geben? Ihr steht mit ihr zusammen auf der Bühne und kriegt trotzdem nichts mit?«

Verblüfft zogen die zwei die Augenbrauen hoch.

Nachdem er einen kurzen Blick auf Ai geworfen hatte, fuhr der Chef fort: »Sie checkt bei jedem Event die Bühnenbedingungen und gibt ihre Einschätzung mit, aus welchem Winkel die Kamera euch aufnehmen oder wie stark die Beleuchtung sein soll. Sie nervt die Leute regelrecht damit. Es ist auch nicht selten, dass sie persönlich Änderungen an Requisiten und Kostümen vornimmt. Selbst die Choreografie passt sie spontan an, je nachdem, in was für einer Kondition die anderen Mitglieder sind. Mit anderen Worten, Ai tut alles Mögliche, damit ihr alle gut rüberkommt.«

Die beiden Mädchen waren sichtlich überrascht. Und sie waren nicht die Einzigen. Ai staunte genauso darüber, dass der Chef alles im Blick hatte. Sie hatte immer gedacht, seine Arbeit beschränke sich auf die Organisation der Konzerte, die Verhandlungen mit anderen Idolgruppen und andere Außenbeziehungen der Agentur. Die Inszenierung der Shows lag hingegen hauptsächlich in den Händen des Veranstalters. Bisher hatte Ai angenommen, der Chef würde sich nicht wirklich für die Details interessieren. Dass er so aufmerksam war und Ais Bemühungen insgeheim beobachtet hatte, überraschte sie sehr.

»Keiner arbeitet so hart wie sie. Ai ist die perfekte Frontfrau. Wenn ihr ihre Position haben wollt, dann zeigt erst mal, was ihr leisten könnt.«

Über diese klare Ansage wirkten die beiden alles andere als begeistert. Das Mädchen mit den Mandelaugen schnaubte wütend.

»A... Aber auch wenn sie gute Leistungen bringt, geht es einem auf den Keks, wenn sie offensichtlich bevorzugt wird. Besonders, wenn du ihr persönlich Geschenke machst, Chef.«

»Genau. Das ist echt demotivierend«, stimmte das Mädchen mit dem runden Gesicht zu.

Der Chef seufzte und schob die Sonnenbrille zurück.

»Das ist kein Geschenk, sondern eine Wiedergutmachung.«

»Wiedergutmachung?«, wiederholte Ai perplex. Als sie den Chef fragend ansah, erklärte dieser seine Absichten.

»Letzte Woche wurden deine Alltagsklamotten in Fetzen gerissen, erinnerst du dich?«

»Ah ... Stimmt ja«, fiel es Ai wieder ein. Wenn sie sich recht erinnerte, war der Vorfall nach einer Tanzstunde passiert. Als sie an jenem Tag in die Umkleide zurückgekommen war, hatte sie ihren Lieblingspullover zerfetzt auf der Bank liegend gefunden. Offensichtlich war er mehrmals mit einer Schere zerschnitten worden, sodass er noch schlimmer aussah als ein abgenutzter Lappen. Letztendlich hatte sie in ihrer Trainingskleidung nach Hause gehen müssen. Solche Schikanen hatte sie schon öfter erlebt. Es war nichts Neues für sie, dass an ihren Sachen herumgepfuscht wurde. Der Pullover war ohnehin alt und schmutzig gewesen. Darum hatte Ai diesem Vorfall nicht allzu viel Bedeutung beigemessen. Für den Chef schien es jedoch ein Problem darzustellen.

»Wenn so was an die Öffentlichkeit kommt, wird das Management zur Verantwortung gezogen. Da ist also zumindest eine Entschuldigung fällig.«

»Aha, das meinst du also mit Wiedergutmachung.«

Ai blickte an dem Kleid herunter, das ihr angezogen worden war. Als Ersatz für einen gebrauchten Pullover erschien es ziemlich kostspielig. Es fühlte sich an, als hätte sie mit einem kleinen Köder einen großen Fang gemacht.

»Dabei hat der Pulli mir gar nicht so viel bedeutet. Du nimmst das viel zu ernst.«

»Man muss in solchen Angelegenheiten eine klare Linie ziehen. In dieser Branche, die voller Lügen ist, ist meiner Meinung nach ein Minimum an Aufrichtigkeit wichtig«, erklärte der Chef und richtete seinen Blick auf Ais Kolleginnen.

»Ihr solltet nicht auf solche hinterhältigen Methoden zurückgreifen. Wenn ihr im Mittelpunkt stehen wollt, dann zeigt, was ihr als Idols draufhabt.«

Gegen dieses vernünftige Argument konnten die Mädchen nichts einwenden. Sie fühlten sich offensichtlich unwohl und tauschten verstohlene Blicke aus.

»Das ist doch absurd. Tut doch, was ihr wollt.«

»Gehen wir.«

Mit diesen Worten gingen sie schnell in Richtung des Aufzugs. Obwohl sie vor einigen Sekunden noch so streitlustig gewesen waren, blickten sie nicht einmal zurück.

Ai wischte sich mit dem Handrücken über die Augen. Ihr war nicht entgangen, dass die zwei Mädchen mit ihrer Reaktion quasi zugegeben hatten, für den Vorfall mit dem Pullover verantwortlich zu sein.

»Die beiden mögen zwar erstaunlich gut pöbeln können, aber mit dem Lügen haben sie es nicht so, was?Sie werden es schwer haben, als Idol zu arbeiten«, seufzte der Chef, während er den beiden Mädchen nachblickte. Dann murmelte er: »Tut mir leid. Ich sorge dafür, dass die beiden später die Konsequenzen dafür tragen.«

»Hmm, eigentlich ist mir das egal.«

Ai blickte zu ihm auf, woraufhin der Chef sie fragend ansah.

»Was hast du?«

»Na ja, ich war ein bisschen überrascht.«

»Überrascht? Wovon?«

»Dass du alles im Blick hast. Ich dachte, solche Streitereien zwischen Idols wären dir ziemlich egal.«

»Natürlich ist mir das nicht egal«, beklagte er sich und zog die Stirn in Falten. »Wofür hältst du mich denn bitte?«

»Für einen zwielichtigen Lebemann.«

»Danke, dass du so ehrlich bist!«, schnaubte der Chef. »Naja, was ich sagen will ... Mir liegen sowohl du als auch *B-Komachi* am Herzen.«

»Als eine Möglichkeit, Geld zu verdienen, oder?«

Obwohl ihre Bemerkung ein wenig boshaft klang, sagte Ai bloß, was sie dachte. Wider Erwarten nickte ihr Chef aufrichtig.

»Nun ja, das stimmt. Ohne euch könnte ich nicht einmal mein Essen bezahlen. Will ich nicht bestreiten. Aber das ist nicht alles.«

»Hm?«

»Schwer zu erklären«, sagte der Chef, während er nachdenklich zum Himmel aufsah und sich am Kinn kratzte. »Aber weißt du, in letzter Zeit kommen immer mehr Zuschauer zu euren Konzerten. Eure Lieder verkaufen sich auch immer besser. Wie soll ich sagen? Euer Erfolg ist auch mein Traum.«

»Dein Traum?«

Mit so einer romantischen Antwort hatte Ai nicht gerechnet. Sie hatte den Chef eher für einen Realisten gehalten, der einfach nur darauf aus war, das große Geld zu machen, ohne sich um Träume oder Ähnliches zu kümmern. Mit einem verschmitzten Blick legte er nun den Zeigefinger auf seine Lippen.

»Das bleibt aber unter uns, ja? Ihr habt als absolute Anfänger in Gesang und Tanz angefangen. Tag für Tag, mit Schweiß und Tränen, werdet ihr zu echten Idols. Das ist doch unglaublich aufregend. Eine echte Erfolgsgeschichte, die man in Manga oder Filmen so nicht erleben kann. Euch auf eurem Weg zum Stardom anzufeuern und dabei zuzusehen, wie ihr euch hocharbeitet, das allein schenkt mir Energie.«

»Es schenkt dir Energie, uns einfach nur anzufeuern?«, fragte Ai verwundert.

»Ja, absolut. Denn durch meine Hilfe wird *B-Komachi* zur Legende. Ich könnte mir nichts Schöneres wünschen. Man sagt ja, Fans haben große Freude daran, ihre Stars anzufeuern.«

»Freude am Anfeuern ... So was versteh ich ehrlich gesagt nicht.«

»Wirklich nicht?«, fragte der Chef verwundert.

»Hmm. Im Internet seh ich ab und zu, wie Fans schreiben, ich wäre ihr Star. Ich kann mir aber nicht vorstellen, wie es sich anfühlt, jemanden als Star anzuhimmeln und ihn anzufeuern.«

Ai hatte bisher nur die Erfahrung gemacht, als Star betrachtet zu werden, nicht aber jemanden als Star zu betrachten. Sie hatte noch nie dieses Bedürfnis verspürt.

»Auch wenn ich jemanden leidenschaftlich anfeuere oder unterstütze, am Ende bringt es mir persönlich doch nichts. Ich frag mich, warum man so etwas tun möchte.«

Der Chef verschränkte die Arme und sah nachdenklich zur Decke hinauf.

»Ah, jetzt weiß ich, wo dein Problem liegt.«

»Wahrscheinlich versteh ich das nur nicht, weil ich komisch bin.«

»Nein, nein. Das ist nicht komisch. Es gibt sicher viele, die so denken wie du.«

Der Chef legte eine Hand ans Kinn und begann nach einer kurzen Denkpause: »Das Schriftzeichen für ›Star‹ kommt ja vom Wort ›Empfehlen‹, nicht wahr? Einen Star zu haben bedeutet also, dass du jemanden so sehr liebst, dass du ihn unbedingt anderen ans Herz legen möchtest.«

»Man liebt seinen Star?«

»Ja«, bekräftigte der Chef und fuhr mit einer ungewöhnlich ernsten Miene fort. »In der heutigen Zeit, in der das Internet allgegenwärtig ist, braucht man viel Mut, um etwas zu empfehlen. Empfehlungen werden nicht selten einfach damit abgetan, dass sie nicht dem Geschmack entsprechen. Schlimmer noch, indem man der Masse etwas empfiehlt, riskiert man sogar, als Spinner abgestempelt und kritisiert zu werden.«

Es leuchtete ihr ein, worauf der Chef hinauswollte. Im Internet ist man ständig mit unzähligen Menschen verbunden. Man kann nie wissen, wann eine negative Reaktion auf die eigene Aussage kommt. Unter solchen Umständen zu behaupten, etwas zu lieben, erfordert Mut.

»Die absolute Liebe gibt einem aber die nötige Stärke, die Angst zu überwinden und sie anderen zu empfehlen. Es wird einem scheißegal, was andere denken. Man traut sich, laut auszurufen, dass man den Star liebt. Das macht einen Star aus.«

Angesichts dieser leidenschaftlichen Erklärung blieb Ai nichts anderes übrig, als zu nicken.

»Ist es wirklich so eine große Sache, einen Star zu haben?«

»Na klar. Wenn du jemanden so sehr liebst, dass die Liebe alle Grenzen überschreitet, dann wird es dir egal, was du für sie opferst. Man wird völlig selbstlos.«

»Wirklich?«

»Ja. Ich habe euch mein Leben gewidmet. Nicht nur, weil es mein Job ist. Ich betrachte es vielmehr als meinen Lebenssinn, euch zu unterstützen und anzufeuern. Für euch nehme ich mit Freude Schulden auf«, verkündete der Chef und lächelte unter seiner Sonnenbrille. »Das ist eine Art von Liebe. Die Freude, den Star anzufeuern, ist letztendlich die Freude zu lieben.«

»Die Freude zu lieben?«

Ai fiel es wie Schuppen von den Augen. Sie hatte nie darüber nachgedacht, mit welchen Gefühlen der Chef sich um *B-Komachi* sorgte.

Mit leicht geröteten Wangen fügte er hinzu: »Also, was ich meine, ist ... Ich bin ein unsterblicher Fan von euch. Bei jeder Gelegenheit denke ich darüber nach, wie *B-Komachi* noch erfolgreicher werden könnte.«

»Im Ernst?«

»Ja«, nickte er verlegen. »Zum Beispiel hab ich letztens die Nacht durchgemacht, um das hier zu basteln.«

Der Chef holte etwas aus seiner Hosentasche hervor, das im Licht funkelte. Es war eine handgroße Acrylplatte, die anscheinend als Schlüsselanhänger diente. Als Ai sie sah, traute sie ihren Augen nicht. Auf der Platte war eine vereinfachte, niedliche Miniaturzeichnung von Ai mit einem strahlenden Lächeln abgedruckt. Daneben stand eine zuckersüße Liebesbotschaft.

»›Ai ist und bleibt auf ewig mein Star!!‹ ...?«

Als sie die Worte laut vorlas, konnte Ai nicht anders, als laut herauszuprusten.

»Ha ha ha! Was ist das denn? Witziger geht's gar nicht, Chef!«

»Hey, mach dich nicht darüber lustig. Ich hab mir echt Mühe damit gegeben.«

»Nein, ich mache mich nicht lustig. Deine Leidenschaft kommt wirklich rüber«, antwortete sie, während sie versuchte, ihr Lachen zu unterdrücken. Daraufhin hob ihr Chef misstrauisch eine Augenbraue.

Ai betrachtete den Schlüsselanhänger genauer. Die Zeichnung war unglaublich süß und ließ auf einen Blick erkennen, dass sie Ai darstellen sollte. Die Fans wären sicherlich begeistert, wenn sie diesen Anhänger bei einem Event verteilen würden.

»Das war sicher harte Arbeit, oder?«

»Ja, schon. Aber ich hatte so großen Spaß daran, dass ich die Zeit vergessen habe.«

Der Chef erklärte, dass er überall seine Meinung eingebracht hatte, selbst bei der Bestellung der Zeichnung und der Acrylverarbeitung. Es war das erste Mal gewesen, dass er solche Merchandise-Artikel geplant hatte. Darum hatte er mehrere Wochen damit verbracht, seine Pläne zu realisieren. Seine Mühen zeugten von seiner großen Liebe für *B-Komachi.* Ai war gerührt von seiner Hingabe.

»Das ist meine Art, meine Liebe für euch auszudrücken ... Auch wenn es mir peinlich ist, das zuzugeben«, murmelte der Chef und steckte den Schlüsselanhänger verlegen zurück in seine Tasche.

Die Freude, den Star anzufeuern, ist gleichzeitig die Freude zu lieben — Die Worte, die er vorhin gesagt hatte, hinterließen einen bleibenden Eindruck auf Ai. Für ihre Stars schreckten Fans nicht davor zurück, Opfer zu bringen oder von ihrem

Umfeld kritisiert zu werden. Mit solch einer großen Leidenschaft gingen sie ihren Interessen nach. Der Wunsch, ihren Star anzufeuern, musste eine unglaublich starke Triebkraft sein. Ai konnte sich kaum vorstellen, was in ihnen vorging.

»Kein Wunder, dass ich das nicht verstehe.«

Sie hatte noch nie jemanden geliebt oder war geliebt worden. Es war nicht verwunderlich, dass sie die Freude zu lieben nicht kannte.

»Vielleicht bin ich deshalb nicht als Idol geeignet. Ich hatte keine Ahnung, was in dir und den Fans vorgeht.«

»Das ist doch gar nicht schlimm«, meinte der Chef, woraufhin Ai ihn verblüfft ansah. »Ein Idol muss das nicht von Anfang an wissen. Es reicht, wenn du deine Fans Stück für Stück kennenlernst.«

»Stück für Stück?«

»Du bist ein Idol geworden, weil du jemanden lieben wolltest, oder? Die Gefühle eines Fans sind auch eine Form der Liebe. Ich denke, du wirst vieles daraus lernen.«

Der Gedanke, dass sie von ihren Fans lernen konnte, überraschte sie. Fans waren bisher nur Fremde für sie gewesen. Kunden. Menschen, die ihr Geld für Idols ausgeben. So hatte Ai über sie gedacht. Nun wurde ihr bewusst, dass ihre Ansicht naiv gewesen war. Besonders dieser leidenschaftlich gestaltete Schlüsselanhänger hatte ihr vor Augen geführt, dass die Kraft, mit denen Fans ihre Stars anfeuern, unermesslich sein kann.

Der Chef grinste zufrieden hinter seiner Sonnenbrille.

»Bevor du aussteigst, würde es dir nicht schaden, zum Schluss noch die Stimmen deiner Fans zu hören.«

»Ihre Stimmen? Wie denn?«

»Wir haben doch vorhin schon darüber gesprochen. Ich meine die Fanpost.«

Bei diesen Worten erinnerte sich Ai wieder an die unzähligen Briefe, die sie achtlos in ihr Schließfach gesteckt hatte. Die vielen Gefühle, die ihre Fans ihr entgegengebracht hatten. Würde sie in jenen Briefen vielleicht die Antwort finden, nach der sie die ganze Zeit suchte?

※

»Liebe Ai,

deine Auftritte schenken mir immer neue Energie! Dein Tanz heute war echt cool! Es hat mich unglaublich glücklich gemacht, dass du beim Refrain zu mir rübergeschaut und gelächelt hast! Das hat meine Erschöpfung von der täglichen Arbeit geradezu weggeblasen!

Ich freue mich schon darauf, dich das nächste Mal wiederzusehen!«

»An Ai,

ich habe euren neuen Song gehört. Er ist lebendig und einfach großartig!

Deine Stimme schenkt mir so viel Kraft, dass ich total motiviert bin, wenn ich sie jeden Morgen auf dem Weg zur Schule höre. Ich kann mir gar nicht mehr vorstellen, ohne eure Musik zur Schule zu gehen. Bin schon gespannt, was für Lieder ihr in Zukunft herausbringt!

PS: Neulich im Radio hast du die ganze Zeit ›Kiriponta‹ statt ›Kiritanpo‹ gesagt. Mega süß (lach).«

»Hallo Ai,

ich höre mir immer eure Live-Streamings an. Die Musik und die Gespräche von B-Komachi machen mir wirklich Mut.

Ich werde in einer Ausbeuterfirma für einen Niedriglohn ausgenutzt. Jeden Tag geht mir durch den Kopf, dass ich am liebsten sterben würde. Aber der Grund, warum ich trotzdem lebe, sind eure wöchentlichen Live-Streamings. Ich freue mich jede Woche darauf, dich zu sehen. Echt jetzt.

Ai, du bist meine Hoffnung!«

Ai saß vor ihrem Schließfach in der Agentur und blätterte die Fanpost durch. Jeden Satz las sie sorgfältig durch und prägte sich jedes Wort ein. Sie merkte gar nicht, dass es bereits dunkel wurde. Die Abenddämmerung färbte die Wände und den Boden des Umkleideraums orange.

Noch nie hatte Ai so viele Worte anderer Menschen auf einmal gelesen. Merkwürdigerweise fühlte sie sich aber nicht müde. Die Energie, die in den Briefen enthalten war, schien Ai zu ermutigen, mit ihrer Lektüre fortzufahren. Während sie einen weiteren der unzähligen Briefe öffnete, stieß Ai gerührt einen Seufzer aus: »Wow. Echt krass.«

Ihr Chef hatte recht. Jeder Fanbrief versprühte eine enorme Leidenschaft. Es war spannend zu sehen, wie viel Mühe in jeden Brief gesteckt wurde, sei es durch die Verwendung niedlichen Briefpapiers, das Beilegen kleiner Stofftiere oder andere kreative Ideen. Einige Briefe umfassten sogar zehn Seiten. Immer wieder wurde Ai von der Leidenschaft ihrer Fans überrascht.

»Sie haben mich wirklich gern«, lächelte sie in sich hinein.

Der Anblick von Briefen hatte ihr immer Unbehagen verursacht und erst die Worte ihres Chefs hatten sie dazu bewogen, doch endlich all die Briefe zu öffnen und zu lesen. Mit eigenen Augen hatte sie die Leidenschaft sehen wollen, die dahinter steckte, einen Star anzufeuern. Ihre Neugierde hatte letztlich ihre Abneigung gegenüber Briefen überwunden.

Tatsächlich bekam Ai diese Leidenschaft deutlich zu spüren. Die handgeschriebenen Worte der Fans bewegten ihr Herz weit mehr als Kommentare im Internet. Sie fühlte sich überwältigt, sodass ihre Freude und ihr Erstaunen auch die harten Worte aus ihrem Kopf vertrieben, die ihre beiden Kolleginnen ihr an diesem Mittag vor den Kopf geworfen hatten.

»Die Lieder von *B-Komachi* haben mir dabei geholfen, hart für meine Prüfungen zu lernen!«

»Ich habe angefangen Tanzunterricht zu nehmen, weil ich wie du sein möchte, Ai!«

Ai war bei solchen Worten davon beeindruckt, wie viel Spaß die Fans hatten. Vielleicht genossen Fans das Leben sogar mehr als Idols selbst.

Jemanden anfeuern. Jemanden lieben. Die Verfasser dieser Briefe konnten das im wahrsten Sinne des Wortes. Ai beneidete sie aus tiefstem Herzen dafür. Würde sie auch eines Tages so werden können, wenn sie sich tiefer mit ihnen auseinandersetzte? Solche Gedanken gingen Ai durch den Kopf, während sie die Briefe las.

※

Drei Tage später stand Ai wieder im Konferenzraum von Ichigo Production.

»Kannst du dir das mal ansehen?«

Ai reichte ihrem Chef ein mehrere Seiten langes Dokument, das sie nach ihrem Einkaufsbummel in Ginza erstellt hatte.

Nachdem der Chef alles überflogen hatte, runzelte er die Stirn.

»Hmm? Choreografie, Bühnenabläufe und sogar Vorschläge für die Kostüme? Was soll das alles?«

»Wir haben doch bald ein Konzert, bei dem wir unser neues Lied vorstellen, richtig? Also hab ich mir einige Ideen für die Inszenierung überlegt.«

Üblicherweise präsentierte *B-Komachi* neue Lieder zuerst bei ihren Konzerten. Für einen dieser Auftritte hatte Ai ihre Vorschläge zu Papier gebracht.

Der Chef, sichtlich verwirrt, kratzte sich am Kopf.

»Äh, ich versteh zwar nicht alles, aber okay. Du hast alles per Hand und ohne Struktur niedergeschrieben. Das macht es nicht ganz einfach zu lesen. Du hast einfach alles so runtergeschrieben, wie es dir in den Sinn kam, oder?«

»Genau. Ich hatte soo viele Ideen!«, erklärte Ai stolz. Sie hatte noch keine Erfahrung damit, Ideen schriftlich auszuarbeiten. Es war also nicht schlimm, dass es nicht perfekt gelungen war.

Nachdem der Chef sie und die Papiere abwechselnd betrachtet hatte, neigte er fragend den Kopf.

»Ich hätte da eine Frage, unabhängig vom Inhalt.«

»Und zwar?«

»Hast du nicht neulich gesagt, du würdest deine Karriere als Idol schmeißen?«

»Ja, das hab ich.«

»Und warum fängst du jetzt an, Ideen für eure Konzerte einzubringen? Das macht doch niemand, der aussteigen will. Vielmehr wirkt das, als wärst du voll motiviert. Ich werd einfach nicht schlau daraus.«

Der Chef war vollkommen verwirrt. Dafür konnte ihm Ai keine Vorwürfe machen. Sie selbst hätte sich vor drei Tagen nicht vorstellen können, so ein Dokument zu erstellen.

»Ob ich meine Idol-Karriere beende, lassen wir mal offen.«

»Was?«

»Es gibt da noch Dinge, die ich probieren möchte.«

Als Ai ihm ein strahlendes Lächeln schenkte, sah der Chef sie mit heruntergeklappter Kinnlade an. Sie hatte keine andere Reaktion erwartet.

»Na ja. Sorry, dass ich dir Sorgen bereitet habe.«

Als Entschuldigung machte Ai eine leichte Verbeugung. In dieser Branche ist ein Minimum an Aufrichtigkeit wichtig. Das hatte der Chef gesagt.

»Ach ... Nun ja. Ich bin mir nicht sicher, ob ich erleichtert sein soll oder skeptisch«, erklärte er seine gemischten Gefühle und runzelte die Stirn. »Ich hab natürlich nichts dagegen. Wenn du in der Gruppe bleiben willst, ist das spitze. Es gibt niemanden, der als Center so perfekt geeignet ist wie du.«

Ai nickte zustimmend.

»Tja, ich bin ja auch die Charismatischste von uns allen.«

»Mal wieder selbstbewusst, was?«

»Ist doch die Wahrheit.«

Der Chef musste unwillkürlich lachen.

»Warum der Sinneswandel? Hat dich meine Leidenschaft für *B-Komachi* dazu bewegt?«

»Nein, das nicht.«

Als Ai den Kopf schüttelte, ließ der Chef die Schultern hängen. Er schien ein wenig enttäuscht zu sein, was Ai recht amüsant fand.

»Um ehrlich zu sein, hab ich nach unserem letzten Gespräch …«, begann sie zu erklären, wurde aber von einer Stimme hinter der Tür unterbrochen.

»Entschuldigung, dürfen wir reinkommen?«

Es waren die beiden Mitglieder, denen sie letztens im Kaufhaus über den Weg gelaufen war. Sie hatten wohl nicht erwartet, Ai im Konferenzraum anzutreffen. Als sie Ai erblickten, verzogen sie deutlich ihre Gesichter. Für ganze drei Sekunden herrschte eine peinliche Stille. Etwas verlegen brach das Mädchen mit den Mandelaugen das Schweigen: »Hör mal, Ai. Neulich haben wir es ein bisschen übertrieben …«

»Ah, schon okay. Macht euch darüber keine Gedanken.«

Auf Ais Antwort hin schauten sowohl die Mädchen als auch der Chef sie perplex an. Mit dieser Reaktion hatte sie ebenfalls gerechnet. Ai lächelte zufrieden.

»Schwamm drüber. Wichtiger ist jetzt unser nächstes Konzert, bei dem wir das neue Lied vorstellen. Ich hab da nämlich eine Idee.«

»Das Konzert? Wovon redest du?«

»Ich hab gerade dem Chef meine Ideen präsentiert. Ihr werdet diesmal noch mehr Parts haben als zuvor. Das verspreche ich euch.«

»Wie meinst du das?«, fragte das Mädchen mit dem runden Gesicht. »Ich dachte, du kannst uns nicht leiden?«

»Nein, ich hab nichts gegen euch. Wir sind schließlich Kameraden.«

»Kameraden ...?«

»Ich bin wohl eher die, die sich entschuldigen muss. Als Center bin ich wohl zu sehr in den Vordergrund getreten. Das muss für euch unangenehm gewesen sein.«

Die zwei Mädchen schauten sie verwundert an. Offenbar fragten sie sich, was mit ihr los war. Sie fanden ihren plötzlichen Sinneswandel gruselig, das verrieten ihre Gesichter. Doch Ai ließ sich nicht beirren und fuhr lächelnd fort: »Also lassen wir das Vergangene hinter uns.«

»Äh, okay. Wenn du meinst ...«, nickte die mit den Mandelaugen zögerlich. Sie und ihre Kollegin fixierten Ai mit durchdringenden Blicken, als würden sie versuchen, in ihre Gedanken zu schauen. Natürlich hatten sie nicht wirklich vor, das Vergangene hinter sich zu lassen. Sie wollten vor dem Chef nur keinen weiteren Streit anfangen. Ai hatte auch nicht das Bedürfnis, eine Freundschaft mit ihnen zu schließen. Sie sollten über sie denken, was sie wollten. Sie fand es sogar in Ordnung, wenn sie wieder hinter ihrem Rücken über sie lästern würden. Solange sie als Mitglieder von *B-Komachi* zumindest den Anschein wahren konnten, miteinander auszukommen, war das genug. Zu diesem Zweck hatte Ai die Maske eines verständnisvollen, »normalen« Mädchens aufgesetzt.

»Schön. Dann schaut euch bitte das hier an«, sagte sie, reichte den beiden einen Bündel von Papieren und erklärte kurz den Inhalt. Die zwei Mädchen nickten bloß schweigend, während sie ihr zuhörten, und erhoben keine Einwände gegen Ais Vorschläge. Vielleicht hatte sie die Aussage, sie würden mehr Parts bekommen, überzeugt.

»Alles klar.«

»Besprechen wir nach dem Tanzunterricht die Details.«

»Okay. Ich freue mich darauf.«

Als Ai lächelte, hoben die beiden leicht die Mundwinkel. Es war ein ziemlich steifes Lächeln, aber besser als jeder Gesichtsausdruck, mit dem sie Ai bisher angesehen hatten.

»Wir gehen schon mal in die Umkleide«, sagten sie und verließen den Raum.

Der Chef sah ihnen nach, bevor er ungläubig fragte: »Ai, was war das gerade?«

»Was das war? Ein Austausch zwischen Mitgliedern von *B-Komachi*, würde ich sagen. Oder vielleicht eine Bestätigung der Freundschaft oder so«, antwortete Ai lächelnd. Ihr Chef wurde anscheinend nicht schlau aus ihrer Antwort. Natürlich empfand Ai keine Spur von Freundschaft für die beiden. Sie hatte sich nicht aus tiefstem Herzen bei ihnen entschuldigt. Idols lügen nicht nur ihre Fans an, sondern auch ihre Teamkolleginnen. Das war für Ai lediglich der leichteste Weg gewesen, sich an das anzupassen, was die zwei Mädchen als »normal« empfanden. Um ihr Ziel zu erreichen, ging es nämlich am schnellsten, wenn Ai sie ausnutzte.

»Vorhin hab ich doch gesagt, es gäbe etwas, was ich probieren möchte. Erinnerst du dich?«

»Ja, was denn genau?«

»Ich möchte als Idol ganz Japan anfeuern«, verkündete Ai.

»Ganz Japan?«

Überrascht weiteten sich die Augen hinter der Sonnenbrille. Vielleicht wunderte er sich, was ein Underground-Idol sich wohl dabei dachte.

»Am Sonntag hast du mir doch von der Fanpost erzählt.«

»Ja, das hab ich.«

»Ich hab sie mir danach durchgelesen. Die vielen Stapel von Briefen, die in meinem Schließfach lagen. Ehrlich gesagt war ich echt überrascht. Sie waren voller Liebe. Ich wusste gar nicht, dass ich so geliebt werde.«

Ai hatte sich eingebildet, nicht liebenswert zu sein, weil sie nicht »normal« war. Doch das war ein Irrtum gewesen. Selbst jemand wie sie hatte Menschen, die sie von Herzen liebten. Diese Tatsache hatten ihr die Briefe ihrer Fans vor Augen geführt.

»Und dann dachte ich, ich möchte auch so sein.«

»So? Inwiefern?«

»Ich möchte andere lieben. Ich möchte jemand werden, der andere anfeuern kann. So in der Art. Du weißt ja, in der Hinsicht fehlt mir etwas«, erklärte Ai und musste unwillkürlich über sich lachen. »Irgendwie peinlich, über solche Sachen zu reden.«

Liebe für den Nächsten. Liebe für die Familie. Liebe für den Partner. Und Liebe für sein Idol. Es gab unendlich viele Formen von Liebe, weshalb Ai nicht glaubte, Liebe vollständig verstanden zu haben. Und genau darum war sie der Meinung, dass sie sich den Menschen zuwenden müsste, die sie als Star betrachteten. Wenn sie herausfand, wie man jemanden anfeuert, könnte sie vielleicht auch lernen, wie man jemanden liebt. Eventuell würde sie dadurch sogar zu einem anständigen Menschen werden.

»Also dachte ich, fange ich am besten damit an, mir ein Beispiel an meinen Fans zu nehmen.«

»Inwiefern?«

»Ich möchte nicht nur angefeuert werden, sondern auch selbst anfeuern.«

Jeder Brief hatte ihr einen Einblick in das Leben seines Verfassers gegeben. Manche kämpften mit ihrem Studium, manche mit ihrer Arbeit. Manche hatten familiäre Probleme oder ernsthaftes Mobbing zu bewältigen. Niemand hatte es leicht im Leben. Das hatte Ai bisher nicht gewusst. Um herauszufinden, wie man andere anfeuert, wollte sie zunächst ihre Fans anfeuern. Und wenn Ai ihnen dadurch Mut machen könnte, wäre das doppelt schön.

»Jetzt fällt bei mir der Groschen«, sagte der Chef und blickte auf die Papiere, die Ai ihm gegeben hatte. »Das hat dich also auf diese Ideen gebracht. Das Konzept eures neuen Liedes lautet ja, der Jugend Mut zu machen.«

»Genau. Es soll allen vermitteln, dass *B-Komachi* ihr Leben mit voller Kraft unterstützt!«, erklärte Ai lächelnd.

Wie könnte sie alle, die zu ihrem Konzert kommen, in eine fröhliche Stimmung versetzen? Darüber hatte Ai die letzten Tage gebrütet. Seit sie der Gruppe beigetreten war, hatte sie noch nie so viel Spaß gehabt. Wie der Chef vor einigen Tagen gemeint hatte, konnte es wohl wirklich Freude bereiten, andere anzufeuern.

»Viele Fans haben geschrieben, dass unsere Lieder ihnen Kraft schenken. Also dachte ich, es wäre doch schön, wenn unser neues Lied jemandem, der gerade eine schwere Zeit durchmacht, neue Energie schenkt oder jemanden, der traurig ist, aufmuntert.«

»Ja. Eine großartige Idee«, versicherte ihr der Chef lächelnd. Er legte seine Zigarette in den Aschenbecher und blies genüsslich den Rauch aus. »Idols haben mehr Kraft, als du denkst. Es könnte sogar Fans geben, deren Leben sich durch eure Lieder komplett ändert.«

»Wir verändern ihr Leben?«

»Genau. Das war bei mir so. In meiner Studienzeit, als ich fast an der Jobsuche gescheitert bin, hat mich ein gewisses Lied eines Idols gerettet. Idols haben die Kraft, das Leben eines Menschen zu verändern. Ziemlich krass, wenn man so darüber nachdenkt.«

Lediglich durch ihren Gesang und ihren Tanz konnten Idols das Leben anderer verändern. Ai war beeindruckt. In gewisser Weise könnte man es fast als eine göttliche Kraft bezeichnen.

»Mit anderen Worten bin ich also eine Göttin, was? Eine absolute Gottheit, die sowohl Schönheit als auch Talent für Gesang und Tanz besitzt.«

»Das hab ich doch gar nicht gesagt?!«

»Tatsache ist aber, dass ich von meinen Fans geliebt werde. Ihre Liebe hat schon fast das Potenzial dazu, eine Religion zu werden. Eine Religion, bei der Menschen ein Idol namens Ai anbeten.«

»Vielleicht hätte ich dich doch nicht auf die Fanpost hinweisen sollen«, murmelte der Chef mit einem gequälten Lächeln. »Aber gut, dass du über deine Sorgen hinweggekommen bist. Die Probleme mit den anderen Mitgliedern scheinst du ja auch überwunden zu haben.«

»Ja, irgendwie ist mir alles egal geworden.«

Solange sie in der Gruppe blieb, konnten solche Schikanen auch in Zukunft vorkommen. Die Freude an ihrer Arbeit war nun jedoch so groß, dass ihr solche Nebensächlichkeiten nichts mehr ausmachten. Es machte sie glücklich, von ihren Fans angefeuert zu werden. Und es würde sicherlich auch Spaß machen, sie anzufeuern. Eine klassische Win-Win-Situation. Indem sie ihre Pläne in die Tat umsetzte, würde sie sowohl sich selbst als auch die Welt glücklich machen.

»Ich hab beschlossen, alle anzufeuern. Damit meine ich Erwachsene, Kinder, ältere Menschen, glückliche wie auch weniger glückliche. Einfach alle. Und natürlich auch die Mitglieder von *B-Komachi.*«

Sie war ihnen nie böse gewesen. Wenn sie Ai schikanieren wollten, dann sollten sie das tun, bis sie zufrieden waren. Ai plante trotzdem, sie anzufeuern. Wenn sie mehr Soloparts haben wollten, wollte sie ihnen gerne welche überlassen. Wenn sie mehr Aufmerksamkeit auf der Bühne haben wollten, wollte sie sie so gut wie möglich unterstützen. Denn je glücklich die Kolleginnen, desto größer würde auch Ais Freude sein.

»Wenn es nach mir geht, soll jeder glücklich werden. Schließlich ist ganz Japan mein Star, den ich anfeuern möchte.«

»Das ganze Land. Jung und Alt. Und sogar Leute, die dich nicht mögen. Du willst sie alle anfeuern? Das ist aber ein großes Ziel.«

»Chef, du weißt doch, wie ich bin. Ich bin halt gierig.«

Auf ihre Worte hin lachte der Chef vergnügt.

»Stimmt auch wieder. Du bist alles andere als normal. Du bist ein Idol durch und durch.«

Kapitel 2

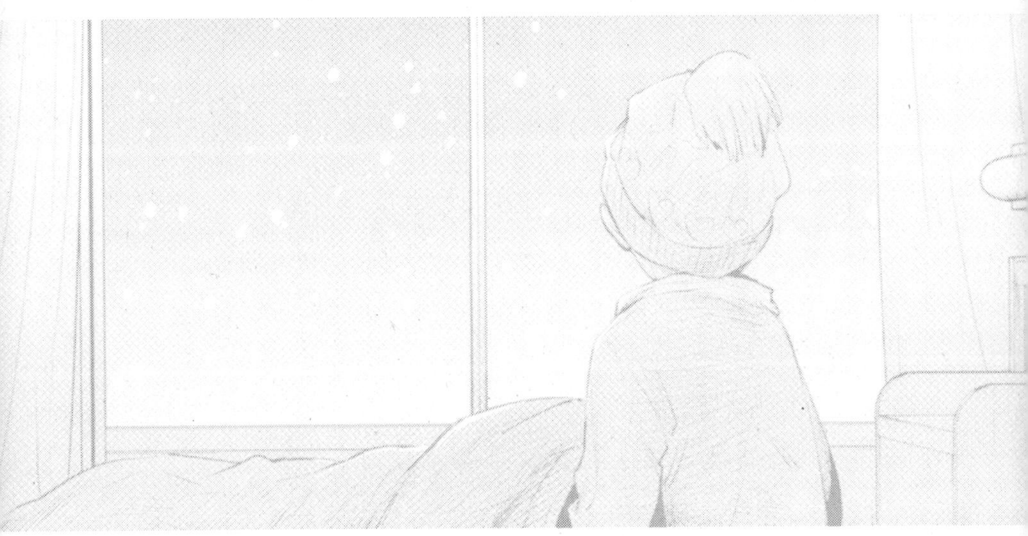

【Mein ♥ Star】

Spica, der hellste Stern

Mit einem niedlichen »Pling« öffneten sich die Türen des Aufzugs. Eine elektronische Ansage hallte durch den Raum, der bereits mit vielen Stimmen gefüllt war: »Nummer dreißig bitte zur Rezeption.« Im Erdgeschoss, dem Eingangsbereich dieses Krankenhauses, standen Stühle in Reihen vor dem Empfangsschalter, auf denen die Patienten geduldig auf ihren Aufruf warteten. Etwa achtzig Prozent der Stühle waren besetzt – ein hier alltägliches Bild. Es war das einzige Allgemeinkrankenhaus in der Gegend und der große Andrang daher unvermeidlich.

Salina kam der rege Betrieb jedoch gelegen. Wie sagte man so schön? Einen Baum versteckt man am besten im Wald. In einer Menschenmenge lief sie weniger Gefahr, entdeckt zu werden. Sie atmete leise ein und griff nach den Handgriffen des Rollstuhls. Kräftig zog sie sie nach hinten und setzte sich zügig in Bewegung. Sie bewegte sich so schnell wie möglich, um keinen Verdacht zu erregen. Mit einer unschuldigen Miene manövrierte sie sich am Empfangsschalter vorbei. Sie achtete sorgfältig darauf, dass der Rucksack auf ihrem Schoß nicht zu sehr ins Auge fiel. Der alte Rollstuhl knarrte und klapperte bei jedem Stoß, was ihre Nerven aufrieb. Verstohlen lenkte sie ihn in Richtung des Korridors, der zum Hinterausgang des Krankenhauses führte.

Als sie sich mit angehaltenem Atem vorwärts schob, kam eine große Frau auf sie zu.

»Oh! Was machst du denn hier, Salina?«

Ihr Herz setzte einen Schlag aus. Kalter Schweiß rann ihr den Rücken hinunter.

Die Frau, die sie ansprach, war eine vertraute Krankenschwester. Sie war um die vierzig, kräftig gebaut und bekannt für ihre freundliche Art und ihre Gesprächigkeit. Jedes Mal, wenn sie und Salina sich sahen, hatte sie ein paar Anekdoten parat, seien es die neuesten Leckereien im Kiosk oder peinliche Missgeschicke neuer Krankenschwestern.

Doch in diesem Moment war Salina nicht danach, sich nett mit ihr zu unterhalten. Sie wollte stattdessen so schnell wie möglich das Weite suchen.

»Äh, ja ... Mir ist die Kehle ausgetrocknet. Also wollte ich mir schnell etwas zu trinken holen.«

»Oh, wirklich? Kein Wunder bei der Hitze.«

Die Krankenschwester zweifelte offenbar nicht an ihrer Ausrede. Mit einem flüchtigen Blick auf das Clipboard in ihrer Hand nickte sie Salina zu.

»Um dreizehn Uhr bekommst du eine Tropfinfusion. Bitte sei bis dahin wieder auf deinem Zimmer.«

»Alles klar«, antwortete Salina in einem möglichst heiteren Tonfall. Bis dreizehn Uhr wieder in ihrem Krankenzimmer zu sein erschien jedoch angesichts ihres Vorhabens praktisch unmöglich. Es tat ihr leid, dass sie die gutmütige Frau anlügen musste, doch sie hatte keine Wahl. Es gab etwas, das in diesem Moment wichtiger für sie war als die anstehende Infusion.

Leise und vorsichtig schob sie ihren Rollstuhl weiter durch den engen Korridor auf den Hinterausgang zu. Die Route, die sie gewählt hatte, führte vorbei an Lagerräumen und Medikamentenschränken und war wenig frequentiert, genau wie sie es sich erhofft hatte. So würde ihr die Flucht aus dem Krankenhaus sicher gelingen.

»Super, da wären wir.«

Mit entschlossenem Griff umfasste Salina den Türknauf des Hinterausgangs und öffnete die Tür mit einem kräftigen Ruck.

Helles Licht drang durch den Spalt, sodass Salina die Augen zusammenkniff. Warme Sommerluft umhüllte ihren Körper und der Duft des Waldes lag in der Luft. Es war eine Weile her, seit sie das letzte Mal an der frischen Luft gewesen war – vielleicht schon einen ganzen Monat. Eine Welt ohne Klimaanlage fühlte sich ungewohnt und erfrischend an.

Salina atmete erleichtert auf.

»Puh, das war ganz schön knapp, aber ich hab es irgendwie geschafft …«

Sie legte ihre Hände an die Handräder des Rollstuhls. Endlich konnte sie dem Gefängnis namens Krankenhaus entkommen.

»Jetzt ist es nicht mehr weit! Warte auf mich, Ai …!«

Auf in die Freiheit! Voller Elan legte Salina ihre Hände an die Räder, um den Rollstuhl in Bewegung zu setzen, doch sie wurde böse überrascht.

»Hä …?«

Egal wie viel Kraft sie aufwendete, die Räder bewegten sich nicht vorwärts. War etwas blockiert? Instinktiv drehte Salina sich um und erblickte direkt hinter sich einen unbekannten Mann, der auf Salina herabsah.

»Was tust du da, junge Dame?«

»Huaaaaah!«

Salina konnte nicht anders, als einen überraschten Schrei auszustoßen. Sie hatte nicht damit gerechnet, dass jemand so nah hinter ihr stehen würde.

»Du bist aber laut. Hast mich ganz schön erschreckt«, brummte der junge Mann stirnrunzelnd.

Er war groß und schlank, trug einen weißen Kittel und eine quadratische Brille, die perfekt zu seinen schönen Gesichtszügen passte. Er war weder extravagant noch aufdringlich, strahlte jedoch Intelligenz und gute Erziehung aus. Zweifellos konnte man ihn als attraktiv betrachten, auch wenn er nicht Salinas Typ war. Sie hatte ihn bislang noch nie getroffen, aber sein weißer Kittel deutete darauf hin, dass er in diesem Krankenhaus arbeitete. Für einen Arzt wirkte er recht jung. Salina schätzte ihn auf etwa Mitte zwanzig. Dann bemerkte sie das Namensschild an seiner Brust, auf dem stand: »Assistenzarzt Goro Amamiya«.

»Assistenzarzt ...?«

»Ich bin ein Arzt in Ausbildung. Mein Studium habe ich kürzlich abgeschlossen, jetzt geht es an die Praxis.«

»Ach so. Arzt zu werden, ist bestimmt kein leichter Weg«, kommentierte Salina. Sie gab eine möglichst neutrale Antwort, um das Gespräch schnell zu beenden, und wandte sich wieder nach vorne. Bei bestem Willen hatte sie gerade nicht die Zeit und Muße, sich mit einem angehenden Arzt zu unterhalten. Ihr Rollstuhl jedoch bewegte sich immer noch nicht vorwärts.

Hinter ihr seufzte der Assistenzarzt Goro: »Hey, willst du etwa mit dem Rollstuhl nach draußen? Das geht doch nicht.« Er hielt die Griffe an der Rückseite ihres Rollstuhls weiter fest und vereitelte damit Salinas Flucht.

»Du bist eine Patientin, oder? Ich kann dich nicht einfach davonlaufen lassen.«

»Ach was, ich will doch nicht weglaufen«, erwiderte Salina mit einem aufgesetzten Lächeln. »Ich wollte nur kurz raus, um mir etwas zu trinken zu kaufen.«

»Es gibt auch im Krankenhaus Getränkeautomaten. Warum musst du dafür nach draußen?«

»Äh ... Ich wollte einfach mal frische Luft schnappen.«

»Dann kannst du auf die Dachterrasse. Dafür brauchst du keine Erlaubnis deines behandelnden Arztes.«

»Na ja, also ... Auf der Dachterrasse war es schon so voll. Deswegen bin ich dann hier runter.«

»Soso«, murmelte der Assistenzarzt skeptisch, dann fiel sein Blick auf den Rucksack auf Salinas Schoß. »Und das große Gepäck? Brauchst du das alles, nur um ein bisschen frische Luft zu schnappen?«

»Das, äh ...«

»Wie man es auch dreht und wendet, du scheinst mir aus dem Krankenhaus flüchten zu wollen.«

Salina stöhnte leise. Anscheinend war ihm von Anfang an klar gewesen, dass sie zu türmen gedachte. Dieser Assistenzarzt ließ sich von ihren Lügen nicht täuschen.

»Also, Doktor Amamiya ... Oder wie soll ich Sie nennen? Doktor Goro?«

»Ist mir egal«, antwortete der Assistenzarzt schroff. Er wirkte alles andere als freundlich. Salina vermutete instinktiv, dass er wahrscheinlich eher sadistisch veranlagt war.

»Dann nenne ich Sie einfach Doktor. Was haben Sie denn hier gemacht?«

»Ich? Ach, ich drücke mich«, antwortete Goro ohne Anzeichen von Schuldgefühlen.

Überrascht fragte Salina nach: »Sie drücken sich?«

»Immer wenn mich der Direktor sieht, fängt er mit seinen endlosen belanglosen Geschichten an. Find ich etwas langweilig. Also mache ich blau und verstecke mich an Orten, wo ich nicht gefunden werde.«

»Sie verstecken sich? Dürfen Sie das denn?«

»Nein, eigentlich nicht. Hin und wieder muss man aber die Seele baumeln lassen«, erklärte Goro grinsend. Zunächst hatte ihn Salina für eine ernste Person gehalten, aber vielleicht war er zugänglicher als gedacht.

»Da haben Sie recht. Stressabbau ist wichtig. Das gilt für jeden, oder?«

»Ja, das stimmt.«

»Dann sollte es auch okay sein, dass ich draußen meinen Stress abbaue.«

Bei dieser Bemerkung zog Goro die Augenbrauen zusammen.

»Was? Nein, natürlich nicht.«

»Ach kommen Sie. So schlimm ist das doch nicht. Und wär doch auch unfair, wenn Sie dürfen und ich nicht.«

»Nichts daran ist unfair. Wenn rauskommt, dass ich dich habe gehen lassen, wird mir der Direktor eine Standpauke halten.« Goro schüttelte entschieden den Kopf, als wäre die Vorstellung, vom Direktor zurechtgewiesen zu werden, das Schlimmste überhaupt. Offenbar kam er wirklich nicht gut mit ihm aus. »Wenn du unbedingt nach draußen willst, musst du den regulären Weg gehen. Entweder du holst die Erlaubnis deines behandelnden Arztes ein oder wirst schneller gesund. Das sind deine Optionen.«

»Dann stecke ich aber in der Klemme, weil ich beides nicht kann.«

»Dann steckst du eben in der Klemme. Zumindest ist es dann nicht mein Problem.«

Salina blies ihre Backen auf. Leute, die so logisch argumentierten wie er, hatte sie schon immer anstrengend gefunden. Jetzt blieb ihr nichts anderes übrig, als sich irgendwie durchzusetzen.

Sie faltete ihre Hände vor der Brust und senkte den Kopf.

»Bitte, Doktor. Lassen Sie mich nur dieses eine Mal gehen! Bitte, bitte! Als Dankeschön werde ich alles für Sie tun!«

»Alles? Was denn zum Beispiel?«

»Na ja ... Zum Beispiel könnte ich Ihre Freundin werden.«

Goro war für einen Moment sprachlos, erwiderte dann jedoch rasch mit ernster Miene: »So etwas habe ich nicht nötig.«

Seine Antwort verletzte Salinas Stolz.

»Was?! Sie haben keine Freundin nötig? Sie könnten zumindest so tun, als würden sie darüber nachdenken! Na los, zeigen Sie mir, dass sie es sich zumindest überlegen!«

»Aber du bist offensichtlich noch ein Kind.«

»I... Ich bin kein Kind.«

»Na schön, wie alt bist du denn?«

»Zwölf.«

Auf ihre Worte hin schüttelte Goro kraftlos den Kopf, als könnte er kaum die Energie aufbringen, etwas zu erwidern.

»Was hast du überhaupt vor? Wo willst du denn hin?«

Salina schaute nachdenklich zum Himmel, als würde sie dort nach einer Antwort suchen. Sie wusste nicht recht, wie sie dem Arzt ihr Vorhaben erklären sollte.

»Na ja ... Etwas weiter weg.«

»Weiter weg? Du hattest doch nicht vor, in die Stadt zu gehen, oder?«

Das Krankenhaus lag auf einem abgelegenen Hügel, umgeben von Wald und Schluchten, weit entfernt von jeglicher Siedlung. Nur eine schmale Landstraße führte durch die Natur in Richtung Stadt. Das Konzept des Krankenhauses, wie eine Krankenschwester einmal erwähnt hatte, lautete, inmitten der stillen Natur von Takachiho die beste Erholung zu bieten. Die frische Luft und die Stille waren ideal für die Genesung, machten es aber extrem schwierig, die Stadt zu erreichen. Selbst für den kleinsten Einkauf war ein Auto nötig. Für jemanden im Rollstuhl wie Salina war diese Lage besonders einschränkend, fast wie ein natürliches Gefängnis.

Mit einem ungläubigen Ausdruck hakte Goro nach: »Du hattest doch nicht etwa vor, mit dem Rollstuhl die Landstraße entlang zu fahren, oder? Selbst wenn du zum Bahnhof von Takachiho wolltest, wie viele Stunden würde das dauern? Das ist definitiv zu riskant.«

»Äh, nein, mein Ziel war nicht der Bahnhof.«

»Wo wolltest du dann hin?«

»Na ja ... Nach Tokio.«

Bei der Antwort riss Goro seine Augen auf.

»Nach Tokio? Bist du noch bei Verstand?«

Sein Mund stand offen, ein Ausdruck blanken Erstaunens auf seinem Gesicht. Obwohl dieser Arzt kühl und distanziert wirkte, schien er überraschend emotional zu sein. Salina kicherte und neigte kokett den Kopf.

※

»Äh, was ich sagen wollte …«

Im Zimmer 201, Salinas Krankenzimmer, suchte Goro nach den richtigen Worten. Nachdem ihr Fluchtversuch gescheitert war, weil der angehende Arzt ihren Rollstuhl festgehalten und sie zurück in ihr Zimmer befördert hatte, saß Salina nun wieder auf ihrem vertrauten Bett und wurde von ihm ausgefragt.

»Du wolltest also nach Tokio, um das Konzert eines Idols zu besuchen?«

»Genau«, antwortete Salina entschlossen. »Wenn ich es irgendwie bis zum Bahnhof von Takachiho schaffe, kann ich von dort mit dem Bus zum Flughafen fahren. Und dann mit dem Flugzeug nach Tokio fliegen. Ruckzuck geht das!«

»Von wegen ruckzuck.« Goro sah sie fassungslos an. »Mit dem Rollstuhl nach Tokio zu fahren ist nicht so einfach, wie du denkst. Und das auch noch alleine … Das ist mehr als waghalsig.«

»Man sagt doch, Probieren geht über Studieren.«

»Du bist krank. Du würdest dein Leben riskieren. Ist es das Risiko wert, nur um diese Idolgruppe *A-Komachi* oder wie sie heißen zu sehen?«

»Nicht *A-Komachi*, *B-Komachi*! Wie oft denn noch?«

Obwohl Salina sich aufregte, tat Goro ihre Worte nur gleichgültig ab. So lief es schon die ganze Zeit. Egal wie leidenschaftlich Salina ihm ihren Wunsch erklärte, nach Tokio zu fahren, Goro hatte einfach kein Verständnis dafür. Das junge Mädchen blies die Backen auf, um seinen Frust auszudrücken.

»Morgen haben sie nach langer Zeit wieder ein Konzert, um ihr neues Lied vorzustellen. Das wollte ich unbedingt live miterleben.«

»Dann hättest du einfach eine Erlaubnis von deinem behandelnden Arzt einholen und deine Eltern kontaktieren können, damit sie dich abholen. Es gibt viele Möglichkeiten, wie du vorgehen könntest.«

»Als ob ich das nicht schon versucht hätte. Wenn ich so einfach eine Erlaubnis bekommen würde, wäre ich nicht auf die Idee gekommen abzuhauen.«

»Das bedeutet wohl, dass du im Bett bleiben solltest. Hör lieber auf deinen Arzt.«

»Nein! Ich will zum Konzert ...«

»Meine Güte«, seufzte Goro und schüttelte den Kopf. »Idols kannst du doch auch im Fernsehen oder so sehen, oder? Äh ... Wie heißen sie noch? *B-Komachi*? Treten die denn nicht in Musikshows auf?«

»Wenn sie das tun würden, hätte ich mir die Mühe nicht gemacht«, antwortete Salina mit einem Seufzer. Ihr dämmerte, dass sich dieser Arzt kaum mit Idols auskannte. Also beschloss sie, ihm eine kleine Einführung zu geben.

»Doktor, *B-Komachi* sind Underground-Idols.«

»Underground-Idols?«

»Sie treten nicht viel in den Medien auf, sondern geben hauptsächlich Live-Konzerte.«

Als Salina das erklärte, nickte Goro desinteressiert.

»Aha. Sie sind also nicht berühmt.«

»Noch nicht! Sie werden noch berühmt!«, korrigierte ihn Salina schnell.

»Mit anderen Worten sind sie momentan nicht berühmt.«

»Menno! Wenn Sie so was sagen, werden alle *B-Komachi*-Fans auf der ganzen Welt sauer auf Sie sein!«

Tatsächlich war *B-Komachi* in der harten Welt der Underground-Idols allmählich im Begriff, sich einen Namen zu machen. Zurzeit waren sie hauptsächlich in Tokioter Musikclubs aktiv, aber es war nur eine Frage der Zeit, bis sie landesweit bekannt würden. Das sagte Salinas Bauchgefühl.

»Das Tolle an *B-Komachi* ist vor allem ihr Elan! Alle Mitglieder besuchen die Mittelschule und in ihrem Gesang und Tanz spürt man einfach, wie viel Potenzial sie haben! Mit jedem neuen Song verbessern sie sich. Und das Tolle ist, wir Fans können ihr Wachstum in Echtzeit mitverfolgen! Mit jedem neuen Lied erreichen sie ein neues Level! Wenn ich mir die Aufnahmen ihrer Konzerte anschaue, kann ich immer nicht anders, als begeistert zu jubeln!«

Salinas leidenschaftliche Worte schienen an Goro abzuprallen. Der junge Arzt murmelte bloß desinteressiert »Aha«. Überzeugt, dass er ohne *B-Komachi* so einiges im Leben verpasste, fühlte sich die Patientin dazu verpflichtet, ihn gründlich von ihrem Lieblingsstar zu überzeugen.

»Besonders Ai, der Center der Gruppe, ist mega! Sie singt und tanzt nicht nur total gut, sie hat auch immer ein strahlendes Lächeln auf den Lippen. So ein hübsches Mädchen hab ich noch nie gesehen! Kaum zu fassen, dass sie genauso alt ist wie ich. So erwachsen sieht sie aus. Sie steht den anderen Mitgliedern, die früher als Models gearbeitet haben, in nichts nach. Im Gegenteil, sie ist mit Abstand die Schönste von allen! Ai ist definitiv ein Star der Zukunft! Das versichere ich Ihnen!«

Salina griff nach einer DVD-Hülle, die auf dem Beistelltisch neben ihrem Bett lag. Es war die DVD des Debütkonzerts von *B-Komachi*.

»Schau nur, Doktor! Das Mädchen in der Mitte ist Ai! Sie ist super süß, finden Sie nicht?«

Auf dem Cover der DVD war ein Mädchen in einem leuchtend roten Idol-Kostüm zu sehen. Es hatte schwarze, geschmeidige Haare, Augen wie Juwelen und ein selbstbewusstes Lächeln, das heller strahlte als die Sonne. Sie war unbestritten die Hübscheste ihrer Gruppe.

»Hmm. Sie heißt also Ai?« Goros Reaktion war alles andere als enthusiastisch. Nach einem flüchtigen Blick auf das Cover zuckte er mit den Achseln. »Stimmt schon, dass sie süß ist.«

Etwas verstimmt durch seine gleichgültige Reaktion, hakte Salina nach.

»Hey. Sie haben doch nicht etwa was an ihr auszusetzen?«

»Ihre Miene wirkt irgendwie steif, als würde sie etwas verbergen. Als ob sie gezwungen wäre, die Maske eines Idols zu tragen, um sich zu schützen.«

Seine beiläufige Bemerkung überraschte Salina. Es war ein Gefühl, das sie bei jedem Anblick von Ai insgeheim gespürt, jedoch nie laut ausgesprochen hatte. Dass Goro ihre Maske auf den ersten Blick erkannt hatte, könnte auf eine gute Menschenkenntnis hindeuten.

Der junge Arzt fuhr skeptisch fort: »Die Gesichter der Idols sind doch sowieso mit dem Computer bearbeitet, oder? Wie kann man da sicher sein, dass ihre Schönheit echt ist?«

Was für eine Beleidigung! »Das stimmt nicht!«, widersprach Salina empört. »Ais Schönheit ist zu hundert Prozent echt. Sie ist quasi eine Göttin, die auf diese Welt herabgestiegen ist!«

»Wie kannst du dir so sicher sein? Hast du sie schon mal in echt gesehen?«

Bei diesen Worten geriet Salina ins Stocken. »Nein ... Nicht so richtig.«

Wegen ihrer Krankheit durfte sie das Krankenhaus nur selten verlassen. Ende Juni, als ihr Zustand noch etwas besser war, war ihr erlaubt worden, ein Konzert von *B-Komachi* zu besuchen. Unterwegs hatte sich ihr Zustand jedoch verschlechtert und als sie an der Konzerthalle angekommen waren, war er sogar so kritisch, dass die Ärzte sie schnurstracks zurück ins Krankenhaus befördert hatten. An jenem Tag hatte sie bloß am Merchandise-Stand an einem Gacha-Automaten spielen können. Es war ihr nicht gelungen, Ai live zu sehen. Eine bittere Erinnerung für Salina.

»Auch wenn ich sie nie direkt gesehen habe, weiß ich, dass Ai das süßeste Mädchen des ganzen Universums ist. Selbst Sie, Doktor, werden große Augen machen, wenn Sie die Videos sehen.«

»Ach ja?« Goro schob skeptisch seine Brille hoch. »Ehrlich gesagt verstehe ich den Reiz von Idols nicht. Mädchen, die singen und tanzen. Was soll daran so toll sein?«

»Was? Verstehen Sie das wirklich nicht?«

»Idols sind doch nichts weiter als junge Mädchen, die Lieder trällern. Statt für so was Zeit und Geld zu verschwenden, lese ich lieber Romane.«

»Woa, das ist ganz schön mies. Mieser geht's gar nicht.«

»Inwiefern?«

»Ihr Geschmack. Sie klingen wie ein alter Knacker.«

Erstaunt zog Goro seine Augenbrauen hoch. Wie es schien, war er sich über seine altmodische Denkweise nicht bewusst. Salina beschloss, ihm die Wahrheit ins Gesicht zu sagen.

»Im Fernsehen wurde letztens gezeigt, dass heutzutage sogar Hunde tanzen, wenn sie Lieder von Idols hören. Das heißt, Ihr Geschmack ist mieser als der von Hunden.«

Ihre Worte schienen Goros Stolz zu verletzen. Er sah sie sichtlich verärgert an.

»Von wegen. Also meiner Meinung nach sind die Leute, die auf Idols abfahren, nicht ganz bei Trost.«

»Wieso das?«

»Idols sind letztendlich nichts anderes als Promis, die besonders auf ihr Aussehen achten. Ihre Lieder haben kaum künstlerischen Wert, besonders in den letzten Jahren. Es geht ihnen mehr darum, Kohle zu machen, indem sie den Fans bei Meet and Greets schmeicheln. Man könnte sogar sagen, sie beleidigen die Musikkultur.«

»Oho, Sie klingen ja fast wie ein Experte. Haben Sie sich überhaupt schon mal Lieder von Idols richtig angehört?«

Bei Salinas provokanter Bemerkung verzog Goro den Mund. Offensichtlich hatte sie einen wunden Punkt getroffen.

»Nun ja ... Nicht wirklich. Ich hatte auch nie die Absicht, sie mir anzuhören.«

Jetzt fiel bei Salina der Groschen. Nach und nach verstand sie diesen Assistenzarzt namens Goro Amamiya immer besser. Er war ein engstirniger Intellektueller, der nur seine kleine Welt kannte, was nicht selten war unter Akademikern. Sie hielten sich für etwas Besseres und verschlossen ihre Augen vor allem, was außerhalb ihres Wissens lag. Solche Leute überzeugte man am schnellsten, indem man sie neue Dinge am eigenen Leibe erfahren ließ.

»Na gut. Bitte sehr«, sagte Salina und reichte dem jungen Arzt die DVD, die sie in der Hand hielt. »Ich leihe Ihnen die DVD. Schauen Sie sich die mal an.«

»Äh? Ehrlich gesagt hab ich keine Lust ...«, zögerte Gero.

»Bitte schauen Sie sich die an«, bettelte Salina. »Wenn Sie die anschauen, verspreche ich, dem Direktor nicht zu verraten, dass Sie vorhin blau gemacht haben.«

Bei dem Stichwort verzog der Assistenzarzt das Gesicht.

»Du bist ganz schön raffiniert, liebe Salina.«

»Keine Sorge. Die Lieder sind echt gut. Sie werden Ihnen garantiert gefallen.«

Goro blickte zweifelnd und ohne echtes Interesse auf die DVD, von deren Hülle Ai strahlend lächelte. Noch hatte er nicht die leiseste Ahnung, wie großartig sie war. Salina war neugierig, wie ein Sturkopf wie er auf Ais Gesang reagieren würde.

»Wenn Sie die Lieder kein bisschen rühren, werde ich mich hinknien und mich bei Ihnen entschuldigen.«

»Aha, dann freue ich mich schon drauf.«

Widerwillig steckte Goro die DVD in die Tasche seines Kittels. Salina jubelte innerlich – der erste Schritt ihrer Überzeugungsarbeit war geglückt. Jetzt hieß es abwarten.

Auch wenn ihr Fluchtplan heute gescheitert war, gab es nun etwas Neues, worauf sie sich freuen konnte. Was würde der Doktor wohl zu Ais Liedern sagen? Würde er ein großer Fan von *B-Komachi* werden, wäre das auch für Salina von Vorteil.

Dann könnte sie sich nämlich auf seine Unterstützung verlassen, wenn sie jemals wieder versuchen müsste, aus dem Krankenhaus zu fliehen. Überhaupt gestaltete es sich schwierig, von hier aus ihren Lieblingsstar anzufeuern. Salina war schon öfter durch den Kopf gegangen, dass sie jemanden auf ihre Seite ziehen sollte. Und wenn sie diesen Arzt von Ai überzeugen könnte, würde es sicher leichter werden, *B-Komachi* zu unterstützen. Ihr Herz überschlug sich vor Aufregung wie noch nie zuvor.

※

Viel schneller als Salina erwartet hatte, kam Goro sie erneut in ihrem Krankenzimmer besuchen. Sommerwolken zogen am Firmament durch die Landschaft und die Zikaden gaben ein unendliches Konzert. Eine Woche war vergangen, seit sie dem jungen Arzt die DVD geliehen hatte.

»An ihrem Gesang hapert es und die Lieder finde ich nicht gerade tiefgründig«, bemängelte Goro, während er auf dem Stuhl neben Salinas Bett saß und eine arrogante Haltung einnahm. »Was soll der Liedtext überhaupt bedeuten? ›Ich bin dein Idol, unser Zeichen ist B‹? Mir ist ein Rätsel, was sie damit vermitteln wollen. Das ist also alles, was Lieder von Idols zu bieten haben.«

Solche Aussagen würden im Internet auf heftige Kritik stoßen, nicht nur von *B-Komachi*-Fans, sondern auch von der gesamten Idol-Gemeinschaft. Doch überraschenderweise fand Salina es nicht unangenehm, seine Meinung zu hören. Denn trotz seiner gehässigen Kommentare wirkte Goros Gesicht, während er selbstzufrieden weitersprach, eigenartig belebt.

»Allerdings hat es mich irgendwie seltsam berührt.«

»Seltsam berührt?«, hakte Salina nach und neigte den Kopf.

»So etwas habe ich noch nie gefühlt ... Wie soll ich es ausdrücken? Wenn ich das Lächeln des Mädchens sehe, das im Zentrum der Gruppe steht, fühlt es sich an, als würde ich aufgerüttelt werden.«

»Ah, ich verstehe. Ganz genau«, nickte Salina eifrig. »Ais Lächeln hat wirklich eine besondere Kraft. Wenn man es einmal sieht, kann man es nie wieder vergessen.«

»Eine Kraft?«

»Genau. Ich glaube, ihr strahlender Blick zieht die Leute magisch in ihren Bann. Und Sie hat diese Magie trotz aller Kritik, die Sie zum Besten geben, offensichtlich auch gefesselt, Doktor.«

Goro zog die Stirn in Falten, verschränkte die Arme und machte ein nachdenkliches Gesicht. »Ich denke nicht, dass ich gefesselt bin ... Aber ich gebe zu, das Video macht merkwürdig süchtig.«

»Mit anderen Worten: Sie sind davon gefesselt.«

»Halt. Dieser Schluss ist zu voreilig«, widersprach der junge Arzt, wirkte dabei aber nicht abgeneigt. Offenbar wuchs sein Interesse an *B-Komachi*, wie Salina zufrieden erkannte. Goro richtete seine Brille und fuhr fort: »Na ja, ich meine ... Nur ein oder zwei Videos anzusehen, reicht nicht aus für ein aussagekräftiges Ergebnis. Deine Theorie muss durch weitere Tests überprüft werden.«

»Äh ... Heißt das, Sie wollen mehr Lieder von *B-Komachi* hören?«

»Vereinfacht gesagt, ja.«

»Ach, Mensch! Sagen Sie das doch gleich«, lachte Salina. Dieser Doktor war irgendwie lustig. Sie griff zum Beistelltisch und zog aus der Schublade vier weitere DVDs hervor mit Live-Aufnahmen von *B-Komachi*. Sie hatte sie online bestellt.

»Bitte schön. Viel Spaß damit, Doktor.«

»Mach dir keine falschen Vorstellungen«, bemerkte Goro, während er die DVDs entgegennahm. »Ich gucke das nicht, um Spaß zu haben. Ich will lediglich überprüfen, welche Auswirkungen die Auftritte dieser Ai auf die menschliche Psyche haben. Vielleicht können sie ja bei ärztlichen Behandlungen eingesetzt werden.«

Wie fieberhaft er doch versuchte, Ausreden zu finden. Vermutlich traute er sich nicht, seine Meinungsänderung zuzugeben, weil er letztes Mal so schlecht über Idols und ihre Lieder gesprochen hatte.

»Ach ja,« fügte Salina hinzu. »Sie dürfen auch meine Sammlung von Ais besten Radioauftritten mitnehmen.«

»Bitte was?«

»Von ihrem offiziellen Internetradio habe ich die lustigsten Momente zusammengeschnitten. Alles zusammen zwei Stunden lang, auf einem USB-Stick gespeichert.«

Salina öffnete wieder die Schublade des Beistelltisches und holte einen USB-Stick heraus. Als sie ihn Goro übergab, runzelte er die Stirn.

»Im Ernst? Zwei Stunden, das ist ganz schön viel. Genauso lang wie ein Film. Und du hast das selbst zusammengeschnitten, Salina?«

»Genau. Die Zeit vergeht wie im Flug, weil Ai so witzig ist.«

»Meinst du? Ihre Auftritte mögen vielleicht schön anzuschauen sein, aber ich kann mir bei bestem Willen nicht vorstellen, dass es Freude bereitet, ein Idol einfach nur sprechen zu hören.«

Wie Salina erwartet hatte, war Goro immer noch skeptisch. Sie erhob ihren Zeigefinger und schüttelte den Kopf.

»Sie haben ja gar keine Ahnung, Doktor. Für Idols sind Radiosendungen auch eine Form von Auftritten. Gerade in den alltäglichen Gesprächen kommt Ais süßer Charakter besonders zur Geltung.«

»Hmm ... Na gut, wenn ich Zeit habe, werde ich mal reinhören.«

Mit diesen Worten ließ Goro den USB-Stick in die Tasche seines Kittels gleiten. Es schien, als hätte sein Widerstand gegen Salinas Empfehlungen nachgelassen, wenn auch nur ein wenig. Salina konnte nicht anders, als leise zu kichern. Ihr Plan, die Zahl von Ais Anhängern zu erhöhen, lief überraschend gut.

»Ich freue mich auf Ihren nächsten Besuch, Doktor.«

»Ai ist wirklich ein furchterregendes Mädchen«, äußerte Goro in einem ernsten Tonfall, kaum dass er Salinas Krankenzimmer betreten hatte. Erst drei Tage waren seit ihrem letzten Gespräch vergangen. Mit einer Plastiktüte in der Hand, die mit Brot und einer Milchflasche gefüllt war, ließ er sich auf dem Stuhl neben dem Bett nieder. Scheinbar gedachte er, hier sein Mittagessen zu verzehren.

»Besonders die Episode, in der die Gruppe verschiedene Süßigkeiten mit Orangengeschmack probiert. Die hat mich umgehauen. Allen Ernstes gibt das Mädel doch den Kommentar: ›Oh, das schmeckt nach Orange!‹. Leute, die derart einen Sprung in der Schüssel haben, sind selten.«

»Stimmt, alle anderen sind total sprachlos über ihren Kommentar, weil das ja das Thema des Tages war«, fügte Salina fröhlich hinzu.

»Und wie sie den Teich eines traditionellen Hotels mit einer heißen Quelle verwechselt hat oder aufgeregt zu einer schwarzen Katze gelaufen ist, die sich dann aber als ein schwarzer Müllsack entpuppt hat. Und das hat sie sogar zweimal gemacht. Jede Episode ist einfach zu krass. Ich frage mich echt, ob dieses Mädchen den Alltag bewältigen kann.«

Offenbar hatte Goro sich nicht nur die DVDs angesehen, sondern auch den USB-Stick angehört. Salina war überrascht, wie pflichtbewusst er war. Während er an seinem Brot knabberte, fuhr der junge Arzt nüchtern fort.

»Weißt du, was wirklich furchterregend ist? Ai ist sich ihrer Blödheit bewusst und nutzt sie geschickt zu ihrem Vorteil. Sie drängt sich nie auf oder unterbricht die anderen Mitglieder. Ihre leicht schrägen Kommentare fügt sie perfekt in den Fluss des Gesprächs ein, als ob sie genau wüsste, wann der richtige Moment ist.«

»Genau! Das hab ich auch gedacht, Doktor! Sie war schon immer witzig, aber ich glaube, besonders seit diesem Sommer ist sie noch besser darin geworden, ihre Kommentare in den richtigen Momenten zu äußern.«

Als Salina eifrig nickte, richtete Goro stolz seine Brille.

»Ai macht das wahrscheinlich nicht bewusst. Sie erfasst den Fluss des Gesprächs instinktiv und reagiert ganz natürlich. Sie hat ein angeborenes Talent dafür«, analysierte er. Obwohl seine Komplimente Ai galten, fühlte Salina sich so glücklich, als würde sie selbst gelobt werden. »Ich kenne mich nicht gut mit der Welt von Idols aus, aber ich glaube, es gibt keine andere Zwölfjährige, die zu so einem Kunststück imstande ist.«

»Genau. Ai ist ein Genie. Ich bin froh, dass Sie das erkannt haben.«

»Ob ich ein Fan werde, ist eine andere Sache. Aber dass sie etwas Besonders ist, steht außer Frage.«

Goro erkannte Ais Talent an – für Salina war das in diesem Moment alles, was zählte.

»Also im Grunde haben Sie sowohl die DVDs als auch die Radiosendung genossen, was?«

»Nun ja ... Sie waren gar nicht mal so übel. Ein guter Zeitvertreib«, erwiderte Goro und wandte seinen Blick beschämt von ihr ab. Trotz seiner großspurigen Art hatte er offensichtlich mehr Spaß, als er zugeben wollte. Salina konnte ihr Grinsen kaum unterdrücken.

»Sie sind lustig, Doktor.«

»Hä? Inwiefern?«

»Ach nichts.«

Noch nie zuvor hatte sie so lange und so intensiv mit jemandem über ein Thema gesprochen. Sie bekam nur äußerst selten Besuch und andere Ärzte oder Krankenschwestern sahen sie nur als Patientin statt als jemanden, mit dem man über Hobbys sprechen konnte.

Goro war jedoch anders. Er nahm sie ernst und machte sich sogar die Mühe, sich die Medien von *B-Komachi* anzusehen, die sie ihm geliehen hatte. Nun neigte er fragend den Kopf, als er merkte, dass Salina lange zu ihm aufblickte.

»Was hast du denn? Auch wenn du mich so anschaust, so schnell werde ich mein Herz nicht an *B-Komachi* verlieren.«

»Tja, das werden wir ja sehen. Ich bin gespannt, wie lange Sie noch so daherreden können.«

Salina schenkte ihm ein schelmisches Lächeln. Aus irgendeinem Grund hatte sie große Freude daran, den jungen Arzt von ihren Lieblingsidols zu überzeugen. Ihr Körper, der sich wegen ihrer Krankheit schwer und träge angefühlt hatte, kam ihr in letzter Zeit wieder leichter vor. Rückblickend war es wahrscheinlich von diesem Moment an, dass Goro für Salina zu einer besonderen Person wurde.

Von da an besuchte Goro regelmäßig ihr Krankenzimmer. Manchmal diskutierten sie über die CDs, die Salina ihm geliehen hatte, oder sie sahen sich gemeinsam die DVDs von *B-Komachi* an, während Goro seine Analyse von Ais Tanz zum Besten gab.

»Wie du schon sagtest, Meimei ist technisch vielleicht die bessere Tänzerin. Aber Ais Tanz hat etwas, das schlichtweg über Gut und Schlecht hinausgeht.«

»Oh! Findest du auch, Doktor!?«

Mit einem glücklichen Lächeln wandte sich Salina vom Fernseher zu dem jungen Arzt um. Die Gespräche mit ihm hatten sie erkennen lassen, dass dieser spitzfindige und manchmal anstrengende Doktor ein Auge für das Wesentliche hatte. So erkannte er Ais Stärken viel besser, als sie erwartet hatte.

»Schau nur, genau das meine ich. Diese Drehung«, rief Goro und drückte auf die Pause-Taste der Fernbedienung. Auf dem Bildschirm war Ai zu sehen, wie sie mit weit ausgebreiteten Armen und einem strahlenden Lächeln innehielt. Salina bewunderte, wie bezaubernd Ai in diesem Standbild aussah. Eine Statue von ihr in dieser Pose könnte glatt als Kunstwerk durchgehen, vielleicht unter dem Titel »Lebhafter Engel«.

Goro starrte gebannt auf den Bildschirm.

»Siehst du das? Von ihrer Körpermitte bis in die Fingerspitzen scheint sie von einem starken Willen durchdrungen zu sein. Zu so einer Bewegung ist nur jemand imstande, der eine genaue Vorstellung davon hat, was er ausdrücken will. Vielleicht betrachtet sie sowohl Gesang als auch Tanz als einen Teil ihrer schauspielerischen Darbietung.«

»Du meinst, sie führt ein Schauspiel auf? Spannend.«

Goros Beobachtungen waren oft ein Aha-Erlebnis für sie. Er hatte einfach eine andere Perspektive. Tatsächlich, wenn Salina Ais Tanz betrachtete, fühlte sie sich oft emotional sehr mitgerissen. Der Tanz zu einem Lied über die erste Liebe bereitete ihr Bauchkribbeln, der Tanz zu einem Abschiedslied machte sie unglaublich traurig. Das ähnelte vielleicht wirklich dem Gefühl, wenn man eine Serie im Fernsehen schaut.

»Ai ist wahrscheinlich die geborene Schauspielerin. Sie kann auf jede Situation reagieren, indem sie die passende Rolle spielt. Mehr noch als ihr Aussehen ist es diese Fähigkeit, die mich echt beeindruckt.«

Goro sprach leidenschaftlich über Ai. Allein diese Tatsache machte Salina glücklich.

»Wie ich schon mal gesagt habe«, fuhr der junge Arzt fort. »Sie trägt die Maske eines Idols. Bei der Debütsingle wirkte ihr Lächeln noch in gewisser Weise steif, aber mit der Zeit wird auch das immer natürlicher. Neuerdings scheint sie ihre Maske vollkommen im Griff zu haben.«

»Das stimmt. Ai zeigt uns viele verschiedene Gesichtsausdrücke. Sie lacht, weint und in den Musikvideos ist sie derart präsent, als könnte sie jede Emotion auf Knopfdruck ausdrücken.«

Ai war eine meisterhafte Lügnerin. Sicherlich hatte sie hinter den Kulissen mit ihren eigenen Problemen zu kämpfen, doch vor der Kamera ließ sie sich das niemals anmerken. Das war das Beeindruckende an ihr. Salina wünschte sich insgeheim, auch so zu sein wie Ai. Damit sie stets ein Lächeln auf den Lippen haben könnte, was auch immer auf sie zukäme. Damit sie die Personen, die ihr viel bedeuten, nicht traurig macht. Wie gern würde sie dazu so gut schauspielern können wie Ai.

Als ihr solche Gedanken durch den Kopf gingen, hatte Salina plötzlich eine Erleuchtung.

»Heißt das vielleicht, dass Ai nicht nur als Idol, sondern auch als Schauspielerin erfolgreich sein könnte?«

»Als Schauspielerin? Stimmt, das kann ich mir gut vorstellen«, stimmte Goro ihr zu und verschränkte nachdenklich die Arme. »Wenn man bedenkt, wie jung sie noch ist und welches Potenzial sie hat, könnte sie sogar auf einen Oscar abzielen.«

»Wow! Das wäre großartig!«, jubelte Salina und klatschte

unwillkürlich in die Hände. »Als eine der ersten Fans von *B-Komachi* wünsche ich mir aber auch, dass sie mit der Gruppe erfolgreich ist. Kompliziert …«

Goro nickte ihr zustimmend zu. Aus seinem Gesicht konnte Salina seinen Wunsch ablesen, Ais Karriere mitzuverfolgen. Dass er dieselben Gefühle wie sie verspürte, freute sie über alles.

»Nach allem, was du gesagt hast, bist du also doch ein großer Fan von Ai geworden, Doktor«, bemerkte sie schmunzelnd.

Peinlich berührt schüttelte der angehende Arzt daraufhin den Kopf.

»Nein. Ich bin strikt neutral. Ich äußere hier nur meine objektive Meinung. An Idols bin ich nicht interessiert.«

»Du bist nicht interessiert, aber …?«

»Nichts mit ›aber‹. Ich habe echt kein Interesse. Punkt. Aus. Ende.«

»Schade. Nächsten Monat kommt nämlich eine neue Single von *B-Komachi* raus, aber die interessiert dich wohl auch nicht.«

»Was? Jetzt im Ernst?«

Begeistert riss Goro seine Augen auf. Wie durchschaubar er doch war. Salina lächelte in sich hinein. Es machte ihr großen Spaß, sich mit diesem Doktor zu unterhalten. Für Salina waren Momente wie diese, in denen Goro sie in ihrem Krankenzimmer besuchte, zum wertvollsten Teil ihres Alltags geworden.

※

»Vom ersten Tag an♪ Habe ich mich in dich verliebt♪«

»Dein schüchternes Lächeln♪ Mein Herz hört nicht auf zu schlagen♪«

An einem Tag war Goro so inspiriert, dass er begann, eines ihrer Lieder laut zu singen, »Hatsukoi☆Memory«, die B-Seite von *B-Komachis* zweiter Single. Sein Enthusiasmus war offensichtlich, da der Kragen seines weißen Kittels durchgeschwitzt war. Salinas Zimmer hatte sich in einen improvisierten Musikclub verwandelt. Die Musik kam aus ihrem Handy neben dem Kissen, eine Flasche mit Desinfektionsmitteln diente als Mikrofon und eine an der Bettlampe befestigte Farbfolie tauchte den Raum in psychedelisches Licht.

»Ich weiß nicht, wie mir geschieht♪ Aber es klopft wie verrückt♪«

»Ich schaue länger als sonst in den Spiegel♪ Und putze mich heraus, um dich zu sehen♪«

Goro tanzte ausgelassen, wie Ai im Musikvideo. Er schwang Arme und Hüfte und ließ seinen weißen Kittel bei einer eleganten Drehung um sich herumwirbeln. Da er sich täglich mit Salina die DVDs angesehen hatte, war er perfekt im Takt. Salina konnte nicht anders, als laut zu lachen, als sie seinen Tanz beobachtete.

»Das Wunder der ersten Liebe♪ Unaufhaltsame Gefühle sprudeln ...«

Just in dem Moment, als Goro den Refrain mit Leidenschaft zu singen begann, wurde die Tür ihres Zimmers abrupt aufgerissen.

»RUHE!«, rief der Mann, der in der Tür stand. Es war Dr. Todo, Salinas behandelnder Arzt, etwa fünfzig Jahre alt. Sein Haaransatz war bereits weit zurückgegangen. Auf seiner breiten Stirn traten nun Adern hervor, wahrscheinlich vor Zorn. Er war bekannt für seine ernste Art und seinen strikten Ton, weshalb Salina ihn nicht besonders sympathisch fand. »Der Gesang dröhnt bis in den Flur! Was denkt ihr euch dabei?! Verwechselt ihr das Krankenzimmer mit einer Karaoke-Bar?!«

Erschrocken hielt Goro inne. Er stand festgewurzelt wie eine Steinstatue da, während er noch immer mit dem rechten Zeigefinger auf die Decke zeigte. Vielleicht hatten sie es wirklich übertrieben. Salina senkte den Kopf und entschuldigte sich: »Tut uns leid.«

»Pass auf, dass das kein zweites Mal passiert«, antwortete Dr. Todo überraschend milde. Sein Ärger schien sich mehr auf Goro zu richten. »Also wirklich, Amamiya. In letzter Zeit schwänzt du zu oft das klinische Praktikum. Und was machst du stattdessen? Du treibst Unfug mit einer Patientin. Was denkst du dir dabei? Nimmst du deine Ausbildung nicht ernst?«

Goro, der immer noch die Flasche mit dem Desinfektionsmittel als Mikrofonersatz in der Hand hielt, erwiderte ohne Anzeichen von Reue: »Nicht doch, natürlich bin ich ernst bei der Sache. Sehr ernst sogar. Salina und ich führen gerade einen klinischen Versuch durch.«

»Einen klinischen Versuch?«

»Ja, wir untersuchen die medizinischen Wirkungen von Idol-Liedern. Wie Sie sicherlich wissen, kann schöne Musik den Stress reduzieren. Also haben wir die Hypothese aufgestellt, dass nicht nur das Hören von Musik, sondern auch das gemeinsame Singen und Tanzen die Wirkung verstärken könnten.«

»Ist das dein Ernst?«

»Das Singen führt zur Ausschüttung von Serotonin, was die Gesundheit von Körper und Geist fördert«, fuhr Goro unbeirrt fort. »Dies ist bereits medizinisch bewiesen. Das Singen von Idol-Liedern könnte die Wirkung vervielfachen, finden Sie nicht? Ich taufe dies die ›Gesundheitstheorie der Idolfans‹.«

»Die Gesundheitstheorie der Idolfans ...? Bist du noch ganz bei Trost?«

»Bin ich, und wie. Jemanden anzufeuern macht auch einen selbst glücklich – davon bin ich überzeugt. Wenn ich dieses Experiment in einer Studie zusammenfasse, werde ich sie sicherlich auf einer Konferenz präsentieren«, erklärte Goro bitterernst. Nur mit Müh und Not konnte sich Salina ein Grinsen verkneifen. Wie konnte dieser Doktor nur so flüssig Ausreden erfinden? Er hatte Ai als geborene Schauspielerin bezeichnet, doch er selbst schien ihr in nichts nachzustehen. Nun wandte sich der junge Arzt zu ihr um: »Nicht wahr, liebe Salina?«

Sie sollte ihm wohl zustimmen. Also nickte sie.

»Genau. Wir führen einen klinischen Versuch durch. Er hat nichts verbrochen.«

»Von wegen er hat nichts verbrochen ...«, murmelte Doktor Todo und verzog das Gesicht. Sein Blick, mit dem er Goro fixierte, schien sagen zu wollen: »Was für einen Quatsch hast du dem Kind beigebracht?«

Da es unfair wäre, wenn nur Goro getadelt wurde, fuhr Salina fort: »Es ist schon okay. Ich habe lange nicht mehr so gelacht wie heute. Der Versuch war sicher ein voller Erfolg.«

»Darum geht es nicht«, begann Doktor Todo zu widersprechen, hielt dann aber inne. Vielleicht hatte er erkannt, dass seine Worte sie nicht erreichten, weil die beiden sich offensichtlich verbündet hatten. Mit einem Stirnrunzeln und einem Seufzer sagte er schließlich: »Na gut. Ich will nicht behaupten, dass etwas Wahres an Amamiyas Theorie ist, aber tatsächlich sind deine letzten Testergebnisse nicht so schlecht gewesen, Salina. Und ich wünsche mir natürlich auch, dass es dir gut geht.«

»Ach, wirklich? Mir ist auch aufgefallen, dass ich mich besser fühle.«

Als Salina kräftig nickte, entfuhr Doktor Todo ein weiterer Seufzer.

»Achtet aber zumindest darauf, dass ihr die anderen Patienten nicht stört.«

»Jawohl«, antworteten Salina und Goro im Chor. Daraufhin seufzte der erfahrene Arzt noch ein letztes Mal, bevor er sich umdrehte und das Krankenzimmer verließ. Nachdem seine Schritte auf dem Flur immer leiser geworden waren, schauten sich Salina und Goro an und lachten leise.

»Da haben wir ihn richtig sauer gemacht, was?«

»Das kannst du laut sagen.«

In Momenten wie diesen, in denen sie gemeinsam lachten und auch mal über die Stränge schlugen, fühlte es sich so an, als ob sie Geschwister wären, die gerade zusammen etwas Verbotenes getan hatten und dafür von den Eltern ausgeschimpft wurden. Salina fragte sich, ob es sich so anfühlte, einen älteren Bruder zu haben.

»Das kommt davon, dass du so laut gesungen hast«, neckte ihn Salina.

»Und du hast total schief gesungen. Vielleicht hat dein Gesang die Leute noch mehr belästigt als meiner«, hielt Goro dagegen.

»Was? Singe ich so schlecht?«

»Wenn du mich fragst, ja. Ehrlich gesagt bist du grottenschlecht.«

Beleidigt blies Salina die Backen auf, weil Goro kein Blatt vor den Mund nahm.

»Das ist gemein. Das sagst du ausgerechnet zu deinem Star?«

»Mein Star?«, fragte Goro und zog eine Augenbraue hoch.

»Na, du hast doch gesagt, Doktor, dass du mich anfeuern würdest, wenn ich ein Idol wäre.«

»Hab ich das?«

Goro tat so, als ob er sich nicht erinnern könnte, aber Salina hatte es nicht vergessen. Bei einem seiner Besuche im Krankenzimmer hatte der junge Arzt beiläufig vorgeschlagen, dass sie ein Idol werden sollte, sobald sie aus dem Krankenhaus entlassen würde. Dann, hatte er hinzugefügt, würde er sie anfeuern.

Diese Worte hatten Salinas Herz tief berührt. Sie hatte nie ernsthaft darüber nachgedacht, ein Idol zu werden. Ihr Leben war bislang von ständigen Krankenhausaufenthalten geprägt gewesen. Sie war im Krankenhaus geboren worden und würde wahrscheinlich in einem sterben – das, hatte sie immer angenommen, war ihr Schicksal. Doch die Vorstellung, auf der Bühne zu stehen wie Ai, hatte ihr graues Leben in jenem Moment in Regenbogenfarben erleuchtet. Natürlich war ihr klar, dass es ein unerreichbarer Traum war. Träumen durfte aber jeder.

Daran hatte Goro sie erinnert. Er hatte sie damit so glücklich gemacht, dass sie sich beinahe in ihn verliebte. Der junge Arzt schien sich jedoch nicht an seine Worte zu erinnern, oder tat zumindest so, und lachte.

»Egal wie man es dreht und wendet, wenn du eine Karriere als Idol starten willst, brauchst du unbedingt Gesangsunterricht«, fuhr Goro fort und stellte die Flasche mit dem Desinfektionsmittel auf den Tisch. Dann setzte er sich auf den Stuhl neben Salinas Bett, der mittlerweile nur für ihn dort stand.

»Und natürlich auch Tanzunterricht. In letzter Zeit nehmen ja immer mehr Idole an Varieté-Shows teil, also musst du auch an deiner Fähigkeit arbeiten, unterhaltsam zu sprechen.«

»Stimmt. Und dann bräuchte ich noch Übung im Unterschreiben von Autogrammen«, fügte Salina hinzu.

»Autogramme? Muss man das üben?«

»Klar! Was soll ich denn tun, wenn ich plötzlich auf der Straße nach einem Autogramm gefragt werde? Oh, es gibt so viel zu tun!«

Salina blickte träumerisch zur Decke hinauf. Es machte ihr Spaß, mit Goro über solche Träume zu sprechen. Die Gespräche gaben ihr das Gefühl, dass solch ein Tag wirklich kommen könnte.

»Du bist noch jung, Salina. Ich bin sicher, du kannst es schaffen.«

»Das denke ich auch«, erwiderte Salina mit einem Lächeln. In der Realität blieb ihr sicherlich keine Zeit mehr dazu. Um nicht die Stimmung zu verderben, behielt sie diesen Gedanken jedoch für sich und fügte scherzhaft an: »Und dann muss ich natürlich auch die Heirat mit dir ernsthaft in Betracht ziehen.«

»Das schon wieder?«, lachte Goro gequält. »Ich hab doch gesagt, ich denk darüber nach, wenn du sechzehn bist.«

»Das passiert schneller, als du denkst. Es gibt so viel zu planen vor der Hochzeit – die Location, die Flitterwochen, wie viele Kinder wir wollen und so weiter.«

»Bevor man über so etwas nachdenkt, sollte man die Erlaubnis der Eltern einholen, oder?«

In einer normalen Familie wäre das sicherlich der Fall. Die Familie Tendouji, Salinas Familie, war jedoch alles andere als gewöhnlich.

»Das sollte kein Problem sein. Bei uns geht es recht locker zu«, antwortete Salina schulterzuckend.

»Ist das so?«

»Ja. Meine Eltern haben sich nie wirklich um mich gekümmert.«

»Jetzt, wo du es sagst, hab ich sie noch nie gesehen. Kommen sie dich nicht besuchen?«

»Sie leben in Tokio und sind zu beschäftigt mit ihrer Arbeit, um oft hierher zu fliegen.«

In Takachiho lebten Salinas Großeltern. Sie sollten sich statt ihrer Eltern um sie kümmern, schafften es aber aufgrund ihres Alters nur selten, zum Krankenhaus zu fahren.

»Ach so«, murmelte Goro mit gerunzelter Stirn. »Das klingt irgendwie einsam.«

»Ist schon okay, meine Eltern waren schon immer so. Dafür bekomme ich viel Taschengeld, was es mir möglich macht, all das Merchandise und die Dics von *B-Komachi* zu bestellen«, erklärte sie mit einem Lächeln, doch der junge Arzt spürte, dass sie ihren inneren Konflikt verbarg.

»Na ja, jede Familie hat ihre eigenen Umstände ... Entschuldige, dass ich so neugierig gefragt habe«, sagte er nachdenklich und blickte durch das Fenster in die herbstliche Landschaft. Eine Krähe kreischte in der Ferne, als ob sie nach ihren Jungen rief.

»Du bist wirklich lieb«, flüsterte Salina, als sie ihre Hand nach seiner ausstreckte. Überrascht, aber nicht abgeneigt, nahm Goro ihre Hand. Seine warme Handfläche drückte sanft zurück, eine Geste, die ein Lächeln auf Salinas Lippen zauberte. Wie schön wäre es, dachte sie, wenn solche Momente für immer andauern könnten.

Im Dezember lag die Durchschnittstemperatur in Miyazaki bei etwa zehn Grad Celsius. Laut Wetterbericht war es warm im Vergleich zu anderen Regionen. Doch für Salina fühlte sich der Winter in diesem Jahr kälter an als sonst. Obwohl die Heizung an und die Bettdecke frisch gewaschen und flauschig war, zitterte ihr Körper vor Kälte, wenn sie sich nicht zusammenriss. Woher kam diese Kälte? Weil die »stärkste Kältewelle seit zehn Jahren« Japan erreicht hatte, wie die Wetterfee im Fernsehen gemeint hatte? Verschlechterte sich ihr Gesundheitszustand wieder? Oder lag es vielleicht daran, dass sich die Person, die sie immer in ihrem Zimmer besucht hatte, nicht blicken ließ?

»Er ist auch heute wieder nicht gekommen ...«

Der Stuhl neben ihrem Bett war schon seit einiger Zeit leer geblieben. Aus irgendeinem Grund hatte Goro plötzlich aufgehört, sie zu besuchen.

»Ob etwas passiert ist? Davor ist er doch jeden Tag gekommen.«

Vom Fenster ihres Krankenzimmers aus blickte sie gedankenversunken nach draußen. Seit ein paar Tagen ging die Sonne bereits um siebzehn Uhr unter. Der Himmel färbte sich nun in ein blasses Abendrot und die ersten Sterne begannen zu funkeln. Während sie den Nachthimmel betrachtete, seufzte Salina leise. Sie versuchte, die Sterne mit ihrem Blick zu verbinden und Dreiecke oder Vierecke zu bilden. Es wäre sicher spannender, wenn sie mehr über Sternbilder wüsste, aber sie spielte einfach gedanklich mit fiktiven Formen. Das half ihr zumindest, die Zeit zu vertreiben.

Plötzlich erinnerte sie sich an etwas, das sie einmal in einer Fernsehsendung gesehen hatte: Obwohl die Sterne am Himmel nur ein paar Zentimeter voneinander entfernt zu sein schienen, lagen sie in Wirklichkeit unvorstellbar weit voneinander entfernt. Und diese Entfernungen wurden mit der Zeit sogar noch größer. Vielleicht verhielt es sich mit menschlichen Gefühlen ähnlich – und sie drifteten mit der Zeit auseinander. Dieser Gedanke ließ Salina nicht los.

So nett er auch sein mochte, war Goro ein Assistenzarzt und hatte seine eigenen Verpflichtungen. Er konnte nicht immer bei ihr sein. Es war nicht verwunderlich, dass es Tage gab, an denen er Salina nicht besuchen konnte.

Als sie noch in diesen Gedanken festhing, klopfte es an der Tür.

»Zeit fürs Abendessen.«

Es war die Krankenschwester, die wie immer freundlich das Essen auf dem Wagen hereinschob. Der Duft von gegrilltem

Fisch wehte ins Zimmer. Als Salina sich bedankte, bemerkte die erfahrene Krankenschwester, dass etwas nicht stimmte.

»Ist dir heute nicht nach Fisch?«

»Doch, doch.«

»Aber du wirkst so antriebslos.«

Etwas verblüfft fragte sich Salina, ob ihre Niedergeschlagenheit so offensichtlich war. Sie versuchte, so gelassen wie möglich zu klingen, als sie erwiderte: »Meinst du? Mir geht's aber gut.«

»Na dann«, sagte die Krankenschwester und richtete den Tisch her und platzierte das Abendessen darauf. Neben dem Hauptgericht, einer gegrillten Makrele, gab es einen Salat aus gedünstetem Kohl und einen Eintopf aus Taro-Kartoffeln – ein typisches, gesundheitsbewusstes Krankenhausmenü.

»Ach ja, übrigens. Hast du schon von Doktor Amamiya gehört?«

Als der Name plötzlich fiel, weiteten sich Salinas Augen unwillkürlich.

»Du weißt schon, der Assistenzarzt, der oft hier vorbeigeschaut hat.«

»Äh, ja. Was ist mit ihm?«

»Angeblich hört man in letzter Zeit nichts mehr von ihm.«

»Man hört nichts von ihm?«

Bei den Worten schwante Salina nichts Gutes. Was war nur mit Goro passiert? Sie drängte die Krankenschwester weiterzuerzählen: »Was ist passiert?«

»Alle Krankenschwestern machen sich Sorgen um ihn, aber es sieht so aus, als wäre er in irgendeinen Ärger mit einer Frau verwickelt.«

Die Krankenschwester erklärte, dass vor zwei Wochen eine aufgebrachte junge Frau im Krankenhaus angerufen und verlangt habe, mit Goro Amamiya zu sprechen. Dieser habe den Anruf entgegengenommen und im Anschluss erklärt, er müsse sich dringend freinehmen, und dann das Krankenhaus verlassen.

»Das deutet sicherlich auf eine romantische Verwicklung hin. Vielleicht wird er ja von einer Stalkerin verfolgt ... Doktor Amamiya ist ja recht beliebt.«

»Ist er das?«

»Und wie«, antwortete die Krankenschwester vergnügt. »So einige der jüngeren Krankenschwestern haben ihm schöne Augen gemacht. Und er schien auch nicht mal abgeneigt.«

»Äh ... Was? In so was ist der Doktor verwickelt?«

Salina traute kaum ihren Ohren. Dass Goro eine Seite haben sollte, die sie nicht kannte, war überraschend und verstörend zugleich für sie.

»Vielleicht hat er sich mit mehreren Mädchen eingelassen und die Situation ist ihm über den Kopf gewachsen. Das könnte ich mir jedenfalls gut vorstellen.«

»Waas ...?«

Die Vorstellung, dass Goro ein Playboy sein könnte, war neu für Salina. Sie wollte es gar nicht glauben, musste aber einräumen, dass sein gutes Aussehen und seine vielversprechende Zukunft als Arzt ihn sicherlich attraktiv machten. Und es wäre gut möglich, dass ihn eine seiner Verflossenen zur Rechenschaft ziehen wollte.

»Also ist der Doktor vielleicht untergetaucht?«

»Vielleicht. Die junge Frau kennt ja sogar schon seinen Arbeitsplatz. Da kann er natürlich nicht in aller Seelenruhe hier weiterarbeiten. Womöglich ist er ins Ausland geflohen und wartet dort ab, bis sich die Wogen geglättet haben.«

Die Krankenschwester lächelte amüsiert, als wäre sie eine Kommentatorin in einer Unterhaltungssendung. Schadenfreude ist die schönste Freude, doch für Salina war diese Geschichte alles andere als unterhaltsam.

»Ins Ausland? Heißt das, der Doktor kommt nicht mehr zurück?«

»Na ja, es ist nur ein Gerücht. So genau weiß ich das auch nicht.«

Mit diesen Worten verließ die Krankenschwester den Raum und ließ Salina allein mit ihren Gedanken zurück. So gesprächig wie sie war, wollte sie das Gerücht vielleicht noch anderen Patienten erzählen.

»Doktor, was hast du nur angestellt ...?«, murmelte Salina und seufzte tief. Sie blickte auf den Teller mit der Makrele. Der Fisch, der vor wenigen Minuten noch köstlich geduftet hatte, roch inzwischen nach nichts.

Die Tage vergingen, ohne dass Goro ein Lebenszeichen von sich gab. Salina konnte nicht anders, als sich Sorgen zu machen. Begriffe wie »Ärger«, »Stalkerin« und »Flucht ins Ausland«, die jene Krankenschwester benutzt hatte, hallten unaufhörlich in ihrem Kopf nach. Ihre Besorgnis war so groß, dass sie sich kaum auf Ais Lieder konzentrieren konnte.

Mit einem tiefen Seufzer sah sie in den winterlichen Himmel hinauf. Ihr Atem formte kleine weiße Nebelschwaden in der kalten Dezemberluft, die sich schnell auflösten – im Gegensatz zur Unruhe in ihrem Herzen. Sie hatte sich auf die Dachterrasse des Krankenhauses begeben, in der Hoffnung, dass die frische Luft sie auf andere Gedanken bringen würde. Ein kleiner Garten und ein Aussichtsbereich boten normalerweise eine angenehme Abwechslung. Doch unter dem grauen, bedeckten Himmel wehte ein schneidender Wind, der durch ihren Mantel schnitt und ihr Herz zu vereisen drohte.

»War das auch gelogen, als er gesagt hat, er würde mich anfeuern?«, flüsterte sie gegen den Wind. Die Worte, die ihr einst das Gefühl gegeben hatten, anerkannt zu werden und wie ein normales Mädchen von der Zukunft träumen zu dürfen, klangen nun hohl. War sie nur eines von vielen Mädchen, denen Goro nette Worte gewidmet hatte? Vielleicht wollte er sich nur bei Patienten einschmeicheln, eine Strategie, um eine bessere Bewertung als Assistenzarzt zu erlangen.

»Ach, warum habe ich das nicht früher bemerkt?«, seufzte Salina erneut. Sie war überzeugt, dass sie eine nationale Meisterschaft im Seufzen gewinnen könnte, wenn es eine solche gäbe.

»Idiot. Der Doktor ist ein Idiot ...«, murmelte sie verbittert.

Wo könnte Goro jetzt sein? Was könnte er tun? Vielleicht genoss er bereits die Gesellschaft einer anderen Frau – einer, die gesünder und attraktiver war als sie. Es wäre nur natürlich für ihn, jemanden zu wählen, der nicht von Krankheit gezeichnet war, dachte Salina traurig. Die Strapazen hatten ihren Körper zur Hälfte gelähmt und im Rollstuhl war es schwer, etwas zu unternehmen. Außerdem hatte ihr die Strahlentherapie die Haare genommen und ihr jeglichen weiblichen Charme geraubt. Ihr Herz schmerzte. Ein pulsierender Schmerz, so intensiv, dass er sie fast zu zerreißen schien. Bevor sie es realisierte, waren ihre Wangen nass von Tränen, die unaufhaltsam flossen, als könnte sie ihre dunklen Gefühle nicht länger zurückhalten.

»Warum weine ich ...?«

Ihre Stimme brach. Sie schämte sich. Waren solche Gedanken nicht längst überfällig? Ihr ganzes Leben lang hatte sie gegen ihre Krankheit gekämpft, ohne jemals zu träumen, zu hoffen oder zu lieben. Selbst ihre Eltern hatten sie wahrscheinlich schon längst aufgegeben. Glück würde für immer ein Fremdwort in ihrem Leben sein – das hatte sie doch längst akzeptiert. Seit sie jedoch Goro begegnet war und mit ihm über Ai gesprochen, gelacht, geträumt hatte, war eine leise Hoffnung in ihr aufgekeimt, dass auch sie ganz normal geliebt werden könnte.

»Wie konnte ich nur so naiv sein ...? Ich bin hier der Idiot ...«, schluchzte sie. Weil sie Hoffnungen gehegt hatte, erfuhr sie nun eine neue Art von Schmerz. Einen Schmerz, der sie ebenso stark oder vielleicht sogar noch stärker quälte als ihre Krankheit. Das Leben hatte ihr ohnehin nie etwas geschenkt. Nun auch noch diesen Schmerz ihr ganzes Leben lang ertragen zu müssen, war die reinste Folter.

Plötzlich wanderte ihr Blick zum Rand der Dachterrasse. Jenseits des zweieinhalb Meter hohen Zauns breitete sich der große Wald von Takachiho unter dem kalten, bedeckten Himmel aus. Würde sie von all ihren Leiden befreit werden, wenn sie sich in die Tiefe stürzte? Salina ertappte sich dabei, wie solche Gedanken in ihrem Kopf herumgeisterten. Doch dazu war sie nicht fähig. Ihr zur Hälfte gelähmter Körper könnte nicht einmal den Zaun überwinden. Diese Erkenntnis fügte ihr weitere Schmerzen zu.

»Wozu lebe ich überhaupt ...?«

Tränen flossen ihr über die Wangen, während der kalte Wind sie streichelte. Ihr Gesicht fühlte sich an, als würde es einfrieren. Zitternd griff Salina in ihre Umhängetasche, um ein Taschentuch zu suchen. Doch ihre eiskalten Hände waren zu ungeschickt.

Zusammen mit dem Taschentuch fiel ein weiterer Gegenstand zu Boden. Ein leises Klicken ertönte, und ein Acryl-Schlüsselanhänger mit einer Chibi-Version von Ai und der Aufschrift »Ai ist und bleibt auf ewig mein Star!!« lag neben ihrem Rollstuhl. Es war das Andenken an das Konzert von *B-Komachi*, das sie hatte besuchen wollen.

»Was mache ich denn da ...?«, murmelte Salina und richtete ihre Wut auf sich selbst. Wie konnte sie nur den Schlüsselanhänger fallen lassen, der ihr so viel bedeutete? Heute war wirklich nicht ihr Tag.

Der Anhänger lag direkt neben dem rechten Rad ihres Rollstuhls. Vorsichtig drehte sie ihren Körper, um nach dem Schlüsselanhänger zu greifen, konnte ihn aber nicht erreichen. Die niedliche Zeichnung von Ai lächelte sie aus ein paar Zentimetern Entfernung an. Sie hätte ihn einfach greifen können, wenn sie nur hätte aufstehen können. Das war ihr jedoch unmöglich. Sonst wäre sie ja nicht in diesem Krankenhaus.

»Komm schon ... Es ist nicht mehr weit ...!«

Mit angehaltenem Atem und aller Kraft beugte sie ihren Körper zur Seite und streckte ihre Hand aus. Noch drei Zentimeter bis zum Schlüsselanhänger. Ihr Rücken begann sich zu verkrampfen, doch sie streckte ihre rechte Hand noch weiter aus.

In dem Moment, als ihr Zeigefinger die Acryl-Platte berührte, schwankte plötzlich ihr Blickfeld. Sie hatte ihr Gewicht zu stark nach rechts verlagert. Erschrocken erkannte Salina, dass sich das linke Rad ihres Rollstuhls vom Boden hob. Doch es war bereits zu spät. Der Rollstuhl kippte und ihr Körper neigte sich stark zur rechten Seite.

»Aaaah ...!«

Da ihr Körper kaum reagieren konnte, war es ihr nicht möglich, den Sturz abzufangen. Mit dem Kopf voran würde sie auf den harten Boden der Dachterrasse aufschlagen. Salina schloss fest ihre Augenlider, während sie sich auf die Schmerzen vorbereitete, die sie im nächsten Moment spüren würde. Sie spannte ihren Körper an, in der Hoffnung, dadurch den Schmerz etwas zu mildern – eine Notlösung, die sie im Laufe ihres Lebens im Rollstuhl gelernt hatte. Sie hoffte, es würde nicht allzu sehr wehtun. Und das, obwohl sie sich kurz zuvor noch den Tod gewünscht hatte, erkannte sie verbittert.

Doch der erwartete Aufprall blieb aus. Gerade als sie aus dem Rollstuhl zu fallen drohte, wurde ihr Körper von festen Händen gestützt.

»Hoppla ... Das war aber knapp«, sagte eine vertraute Stimme. Salina riss die Augen weit auf. »Bist du okay, Salina?«

Vor ihr stand die Person, die sie so sehr vermisst hatte, und gab ihr so selbstverständlich von hinten Halt, als wäre die letzten Tage gar nichts passiert.

»Doktor ...?«

»Ich wollte dich gerade ansprechen, als du plötzlich umgekippt bist. Du hast mich ganz schön erschreckt.«

Ich bin es, die erschrocken sein sollte, dachte Salina, doch bevor sie etwas sagen konnte, tat Goro etwas noch Überraschenderes. Er legte seine Arme um ihre Beine und hob sie hoch, als würde er eine Prinzessin tragen. Es war das erste Mal in ihrem Leben, dass sie von einem Mann in dessen Armen getragen wurde.

»Hmm. Sieht so aus, als hättest du dich nicht verletzt. Was hast du denn hier gemacht?«

Salina konnte nicht sofort antworten. Erleichterung und Zweifel, gemischt mit einem starken Herzklopfen, hatten ihre Gedanken völlig durcheinandergebracht. Das könnte der Grund sein, warum die Worte, die sie schließlich fand, so sinnlos erschienen.

»Doktor, was ist mit deiner Flucht ins Ausland? Bist du mit der Stalkerin fertig geworden?«

»Hä?«, schoss es verwirrt aus Goro.

※

Gemeinsam kehrten sie in das Krankenzimmer zurück. Unterwegs erzählte Salina von den Gerüchten über ihn, die sie von der Krankenschwester gehört hatte. Goro tat sie lachend ab.

»So ein Liebesdrama soll mir passiert sein? Sehe ich denn wie ein Playboy aus?«

»Ja, und wie. Ich würde mich nicht wundern, wenn du zwei oder drei Eisen gleichzeitig im Feuer hättest.«

Auf ihre Antwort hin kratzte sich der junge Mann verlegen am Hinterkopf. Er stritt ihre Mutmaßung wahrscheinlich deshalb nicht kategorisch ab, weil er selbst einsah, dass etwas Wahres daran sein könnte.

»Wie dem auch sei. Tut mir leid, dass ich dir Sorgen bereitet habe. Ehrlich gesagt hatte ich nicht erwartet, dass es so lange dauern würde. Der Direktor hat mir auch eine ordentliche Standpauke gehalten«, brummte Goro, während er Salina auf das Bett hob und sich dann auf seinen üblichen Stuhl setzte. Der vertraute Anblick beruhigte Salina.

»Und was hast du denn gemacht, Doktor?«

»Ich war kurz in Tokio.«

»In Tokio? Warum? Nicht etwa wegen der Arbeit, oder?«

Goro griff in die Brusttasche seines Kittels und erklärte: »Um das hier zu besorgen.«

Mit diesen Worten zog er zwei Karten hervor, auf denen ein niedliches Design und die Worte »B Komachi One-Man-Show in Miyazaki« zu sehen waren.

»Äh?! Was?! Doktor, das ist doch ...«

»Ich hab gehört, dass *B-Komachi* nach Miyazaki kommen. Deshalb bin ich nach Tokio geflogen, um die Karten zu sichern. Ich dachte, ich könnte dich zum Konzert mitnehmen.«

Salina machte große Augen. Es fühlte sich an, als würde ihr Herz aus der Brust springen. Noch nie in ihrem zwölfjährigen Leben hatte sie sich so überrascht gefühlt.

»Hm? Diese Reaktion, wusstest du etwa nicht, dass *B-Komachi* nach Miyazaki kommen?«

»Doch, ich wusste es! Ich habe es im Internet gelesen!«

Die Beliebtheit von *B-Komachi* war gestiegen, weshalb eine landesweite Tournee angekündigt worden war. Miyazaki war eine der zehn Städte, in denen Konzerte geplant waren. Als Salina diese Information zum ersten Mal online gesehen hatte, hatte sie sich natürlich für ihre Stars gefreut. Doch gleichzeitig war sie traurig gewesen. Es war schön, dass immer mehr Menschen ihre Lieblingsgruppe, die sie schon so lange anfeuerte, kennenlernen würden. Doch letztendlich würde Salina aufgrund ihrer Krankheit nicht in der Lage sein, am Konzert teilzunehmen. Obwohl Ais Gruppe so nahe sein würde, könnte sie sie nicht sehen – dieses Dilemma hatte bei Salina unbeschreiblich komplizierte Gefühle ausgelöst.

Goro reichte ihr jedoch die Konzertkarten, als wäre es das Natürlichste der Welt. Die Situation war so unerwartet, dass ihr Kopf sie kaum realisieren konnte.

»Die Karte ist für mich ...? Warum ...?«

»Na, Weihnachten steht doch vor der Tür. Also dachte ich, sie wäre das perfekte Geschenk.«

Auf Goros Worte hin schaute Salina schnell auf ihr Handy, das neben ihrem Kissen lag. Es zeigte den zwanzigsten Dezember an. Jetzt, wo er es erwähnte, war Weihnachten tatsächlich nahe. Wegen ihres Krankenhausaufenthalts hatte sie das völlig vergessen.

»Ein Weihnachtsgeschenk? Für mich ...?«

Salina konnte sich nicht erinnern, jemals ein Weihnachtsgeschenk bekommen zu haben. Das schloss ihre Eltern mit ein. Allein die Tatsache, ein Geschenk von jemandem zu erhalten, war schon genug, um sie glücklich zu machen – und dass es auch noch Konzertkarten für *B-Komachi* waren, beförderte sie auf Wolke sieben. Sie wusste nicht einmal, wie sie ihre Freude in Worte fassen sollte. Erneut rannen ihr dicke Tränen über die Wangen.

»Äh? Salina?«, fragte Goro erschrocken. »Alles okay?«

»Okay ... Ist es nicht ... Du bist schuld, Doktor ...!«

Salina versuchte, sich die Nase mit einem Taschentuch zu putzen, das Goro ihr reichte. Ein peinliches Schniefen entkam ihr, aber in diesem Moment scherte sie sich nicht darum. Schließlich war das Weinen an sich schon peinlich genug.

»Das ist ein unglaublich tolles Geschenk ...! Ich kann es echt nicht glauben ... Es ist so unglaublich, dass mir gar keine anderen Worte einfallen ...!«

»Das hat dich ganz schön sprachlos gemacht, was?«, witzelte Goro zufrieden und sah das Mädchen liebevoll an. »Nun, wenn du dich so freust, hat sich die weite Reise doch gelohnt.«

»Apropos, warum bist du eigentlich bis nach Tokio gefahren ...? Konntest du die Karten nicht online buchen?«

»Normale Karten hätte ich online bekommen, aber ich dachte, wenn schon, denn schon.«

Mit diesen Worten sah Goro auf die Karten in seiner Hand. Salina erkannte nun bei genauerem Hinsehen, dass darauf stand: »Sitzplatz – Premium / Ai«. Sie traute ihren Augen kaum.

»Ist das etwa ...?!«

»Limitierte Karten für die vorderste Reihe. Nach dem Konzert gibt es anscheinend auch ein Fan-Meeting, wo du mit dem Mitglied, das auf der Karte genannt ist, in einer Einzelkabine sprechen kannst.«

»Echt?! Ich kann mit Ai sprechen?! Wie cool ist das denn?!«

Als Salinas Augen aufleuchteten, fuhr Goro mit stolzer Miene fort: »Die limitierten Karten wurden bei einer Verlosung in Tokio ausgegeben. Pro Tag nur zehn Stück. Es hat mich wirklich viel Mühe gekostet, sie zu ergattern.«

B-Komachi zählten mittlerweile zu den Spitzenreitern unter den Underground-Idols. Laut Goro nahmen täglich hunderte Fans an der Verlosung teil, um eine der limitierten Karten zu ergattern. Er selbst hatte sich Tag für Tag in diese Schlange eingereiht, bis er endlich gewonnen hatte.

»Hat viele Versuche gebraucht, bis ich Ais Premiumkarten für Miyazaki gezogen hab. Es hat mehr Zeit als Geld gekostet.«

Nachdem sie das gehört hatte, leuchtete Salina endlich der Grund ein, warum der junge Arzt eine Weile lang verschwunden war. Es lag schlicht und ergreifend daran, dass er sich die limitierten Karten sichern wollte.

»Wow ... Wirklich unglaublich ...! Da hattest du aber auch ordentlich Glück, Doktor.«

»Aus den Karten wurde ein Geheimnis gemacht. Darum gab es kaum Informationen darüber im Internet. Zum Glück. Hätte ich es nicht von einem Fan aus Tokio erfahren, hätte ich die Karten wahrscheinlich nie bekommen.«

»Ein Fan aus Tokio ... Meinst du etwa diese Frau, die aufgeregt im Krankenhaus angerufen hat?«

»Genau die«, nickte Goro. »Wir haben uns ursprünglich auf einer Fan-Website über *B-Komachi* kennengelernt. Sie ist wirklich nett. Um mir so schnell wie möglich die Information zu übermitteln, hat sie sich die Mühe gemacht, an meinem Arbeitsplatz anzurufen, weil man im Krankenhaus ja nicht einfach sein Handy benutzen kann.«

Jetzt verstand Salina. Die Person, die sie für eine aggressive Stalkerin gehalten hatte, war in Wahrheit ein hilfsbereiter *B-Komachi*-Fan gewesen. Sie entschuldigte sich in Gedanken bei ihr, dass sie einen falschen Verdacht gegen sie gehegt hatte.

»Dank ihr konnte ich schlussendlich diese Karten ergattern.«

Goro wedelte mit den Karten in der Hand. Eine Premium-Karte für die vorderste Reihe war ein wahrer Traum für jeden *B-Komachi*-Fan. In Salinas Augen leuchtete dieses Stück Papier nun in einem blendenden Licht. Sie würde ein Konzert von *B-Komachi* besuchen und auch noch mit Ai sprechen dürfen – es fühlte sich an, als wäre ein Traum wahr geworden.

»Aber ist das wirklich in Ordnung?«, fragte sie Goro.

»Was genau?«

»Ich hab bisher nur ganz selten die Erlaubnis bekommen, das Krankenhaus zu verlassen. Was, wenn ich nach all deiner Mühe, die Karten zu ergattern, am Ende nicht zum Konzert gehen kann …?«

»Keine Sorge«, unterbrach Goro ihre besorgten Worte. »Das ist schon geklärt. Ich hab bereits die Erlaubnis von deinem behandelnden Arzt und vom Direktor. Du darfst zum Konzert.«

»Waaas?! Im Ernst?!«

»Ja, im Ernst. Den Papierkram hab ich auch schon vorbereitet.«

Goro nickte gelassen. Es gab keine Anzeichen dafür, dass er log oder scherzte.

»Ich kann wirklich hin …! Ich kann Ai in echt treffen …!«

Vor lauter Aufregung bekam Salina Gänsehaut. Nach all der Traurigkeit, Überraschung und Freude, die sie in dieser einen Stunde empfunden hatte, schien ihr Kopf kurz vor dem Überkochen zu sein.

»Woooow! Ich glaub's nicht! Wooow!«

»Hey, Salina, beruhig dich. Dein Arzt wird sonst wieder schimpfen.«

Doch Salina hatte nicht vor, sich zurückzuhalten. Sie ließ ihren Gefühlen freien Lauf und jubelte weiter. Hätte sie ihre Beine bewegen können, wäre sie wohl jetzt durch das ganze Krankenhaus gelaufen.

»Nein, aber wirklich, Doktor, das ist unglaublich. Ich hab so oft gefragt, ob ich rausgehen darf, und nie die Erlaubnis bekommen. Wie hast du das bloß ausgehandelt?«

»Ausgehandelt? Du klingst ja fast so, als hätte ich sie bestochen«, beschwerte sich Goro. »Ich habe ganz normal gefragt, ob ich dich zu einem Idol-Konzert mitnehmen darf.«

»Echt? Das ist alles? Und das hat gereicht?«

»Vielleicht liegt es daran, dass ich so tugendhaft wirke«, sagte der junge Arzt mit einem Augenzwinkern und nickte selbstgefällig. Insgeheim dachte sich Salina, dass das wohl kaum der Fall sein konnte. Immerhin hatte es Gerüchte über ihn gegeben, dass er wegen Frauengeschichten ins Ausland geflohen war. Von einer tugendhaften Wirkung konnte da keine Rede sein. Sie beschloss aber, nicht näher darauf einzugehen. In diesem Moment bedeutete die Aussicht, Ai zusammen mit Goro sehen zu können, das pure Glück für sie. Die Leiden ihrer Krankheit, die Tatsache, dass ihre Eltern sie nicht besuchten – all das war aus ihrem Herzen verflogen. Sie schmunzelte über sich selbst, wie simpel sie doch gestrickt war. Doch sie musste die Gedanken, die ihr noch vor einigen Minuten durch den Kopf gegangen waren, korrigieren: Sie war glücklicher und geliebter als jede andere Person der Welt. In diesem Augenblick spürte Salina das aus tiefstem Herzen.

»Ich freue mich noch mehr als an hundert Geburtstagen zusammen. Das alles verdanke ich der Tatsache, dass du so verrückt nach *B-Komachi* geworden bist, Doktor!«

»Hey, wie oft soll ich es noch sagen? ich bin nicht verrückt nach ihnen. Ich bleibe neutral, was Idols angeht.«

»Das behauptest du noch immer? Extra nach Tokio zu fahren und limitierte Karten zu besorgen, macht doch nur jemand, der süchtig nach *B-Komachi* ist.«

»Stimmt doch gar nicht. Das hab ich nur für dich getan, Salina«, erwiderte Goro und machte einen Schmollmund. Sie fand es liebenswert, dass er seine Liebe für *B-Komachi* nicht zugeben wollte. Anfangs hatte sie beabsichtigt, den jungen Mann für ihr Hobby auszunutzen, doch inzwischen waren solche Hintergedanken verschwunden. Sie wollte einfach nur ihre Begeisterung für Ai mit ihm teilen. Das allein machte ihr Leben unermesslich glücklich.

Das Datum auf dem Ticket zeigte den dreiundzwanzigsten Mai an. Das war noch ein halbes Jahr entfernt, aber es versprach, eine warme und wunderbare Jahreszeit zu werden. Mit ihrem geliebten Doktor zusammen ihren Star zu treffen, würde sicherlich zu einem unvergesslichen Erlebnis werden.

Goro lächelte sanft.

»Bis zum Frühling haben wir noch Zeit. Also sorge bitte dafür, dass du in guter Verfassung bist.«

»Ja. Nur der Gedanke, Ai zu treffen, lässt mich schon gesünder fühlen. Vielleicht kann ich ja bis zum Frühling sogar das Krankenhaus verlassen.«

»Das wäre schön.«

Wie würde Goro reagieren, wenn er Ai live erlebte? Würde die Anwesenheit dieser Göttin auf Erden seine kühle Fassade zum Schmelzen bringen? Bei diesen Gedanken unterdrückte Salina ein Lachen und wandte sich ihm zu.

»Danke, Doktor! Ich freu mich riesig über die Karte! Das ist das beste Weihnachtsgeschenk meines Lebens!«

Ja, für Salina war dies ihr erstes Weihnachtsgeschenk. Und es sollte auch ihr letztes sein.

Kapitel 3

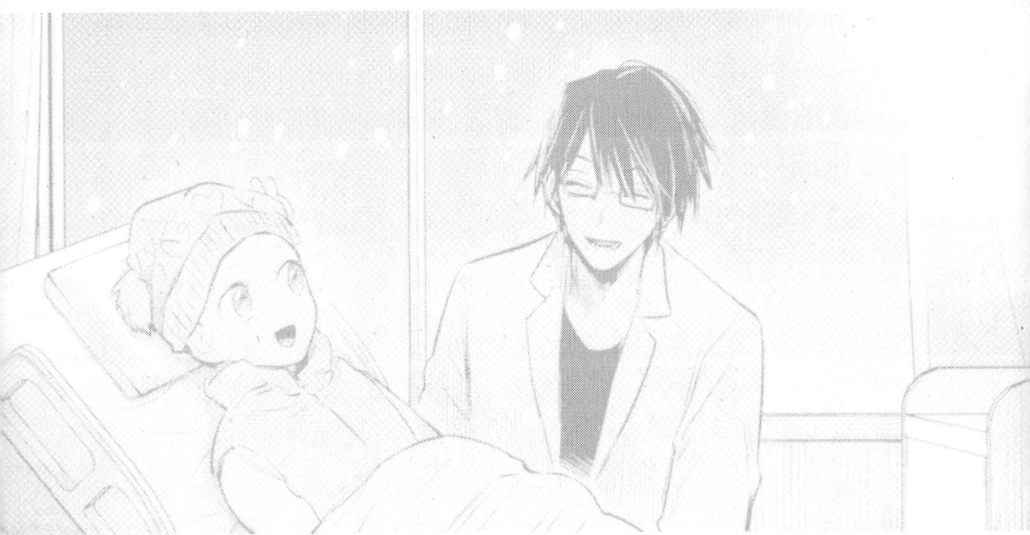

【Mein Star】

Spica, der hellste Stern

»Ihr Zustand hat sich verschlechtert?! Warum so plötzlich?!«, rief Goro Amamiya, als ein Blitz den Nachthimmel erhellte. Draußen vor dem Fenster peitschte der stürmische Wind die Bäume im Wald. Seit dem Nachmittag tobte ein heftiger Regensturm, ungewöhnlich für den Januar. Laut Wetterbericht sollte das Unwetter die ganze Nacht über Takachiho wüten. Große Regentropfen prasselten wie die Kugeln eines Maschinengewehrs gegen die Fensterscheiben des Krankenhauses. Goro hatte ein mulmiges Gefühl. Seine Großmutter war in einer stürmischen Nacht wie dieser gestorben. An Gewittertagen passierten immer schlechte Dinge. Seit dem Anruf vom Krankenhaus schwante ihm nichts Gutes. Sein Kopf malte sich die schlimmsten Vorstellungen aus und er konnte sie nicht abschütteln. Ängstlich wandte er sich an die Person, die ihn hergerufen hatte.

»Was ist passiert?! Jetzt sagen Sie schon!«

»Beruhig dich, Amamiya. Dein Geschrei wird die Situation nicht verbessern.«

Der Arzt, der an seinem Schreibtisch in der medizinischen Abteilung saß, hieß Todo. Er war ein Neurochirurg des Krankenhauses, in dem Goro als Assistenzarzt arbeitete, und etwa fünfzig Jahre alt. Er war auch der behandelnde Arzt von Salina Tendoji. Er verfügte über langjährige Erfahrung und galt in der Neurochirurgie als unübertroffener Fachmann, der mehr als fünfzig Operationen im Jahr bestritt. Goro hatte im Rahmen seiner Ausbildung schon oft von dessen profundem chirurgischem Wissen profitiert.

In diesem Moment jedoch wirkte Todo erschöpft, beraubt der gewohnten Ruhe, die ihn als erfahrenen Arzt auszeichnete.

Hinter seiner Brille zeichneten sich tiefe Augenringe ab und seine Wangen waren hohl. Wie er Goro erklärte, war er bis kurz zuvor auf der Intensivstation gewesen – was auf den Ernst der Lage hindeutete.

»Es tut mir leid, dass ich dich zu dieser späten Stunde hergerufen habe«, entschuldigte sich Todo.

»Das ist nicht wichtig!«, rief Goro ungeduldig. »Ich will nur wissen, wie es plötzlich so weit kommen konnte!«

»Ich kann verstehen, wie du dich fühlst. Dasselbe würde ich nämlich auch gern wissen«, erwiderte Todo mit einer Kaffeetasse in der Hand und seufzte.

Er hatte Goro etwa vor einer halben Stunde mit den Worten angerufen, dass er mit ihm über Salina reden müsse. Da war es kurz vor Mitternacht gewesen. Goro hatte sich daraufhin rasch umgezogen und war zurück durch den stürmischen Regen ins Krankenhaus gefahren. Als angehender Arzt war er sich der Dringlichkeit eines nächtlichen Anrufs aus dem Krankenhaus bewusst.

»Salinas Zustand hat sich in den letzten Stunden dramatisch verschlechtert. Sie leidet unter hohem Fieber und Krämpfen, wodurch ihr Bewusstsein getrübt ist«, erklärte Todo. »Sie befindet sich in einem äußerst kritischen Zustand. Ich habe alles getan, was in meiner Macht steht, doch sie schwebt immer noch in Lebensgefahr. Diese Nacht wird wahrscheinlich ihre letzte sein.«

»Das kann doch nicht wahr sein …!«

Goro schüttelte ungläubig den Kopf, überwältigt von dem Schock. Für ihn fühlte es sich an, als würde eine riesige Hand sein Herz zerdrücken. Noch am Nachmittag hatte er sich ganz normal mit Salina unterhalten. Sie hatten über das bevorstehende Konzert von *B-Komachi* in Miyazaki gesprochen, für das er letzten Monat die Karten besorgt hatte. Sie hatten fröhlich überlegt, was sie am Tag des Konzerts tragen und worüber sie mit Ai sprechen würden.

»Ich sehe nicht ein, dass ihr Leben aus heiterem Himmel in Gefahr sein soll! Können Sie denn wirklich nichts für Sie tun?!«, fragte Goro verzweifelt.

»Leider nicht. Die Medizin hat ihre Grenzen«, antwortete Todo und schüttelte kraftlos den Kopf. Sein Gesichtsausdruck verriet, wie frustriert er über seine eigene Ohnmacht war. »Vor zwei Jahren haben wir einen Tumor aus ihrem Gehirn entfernt, aber bereits damals hatte er in weitere Teile gestreut. Ihre Prognose war dementsprechend schlecht.«

Salina litt unter einem diffusen Astrozytom – einem bösartigen Gehirntumor, der vorwiegend in den Großhirnhemisphären auftritt und mit schwerwiegenden Symptomen wie sensorischen Störungen, Gangunsicherheit und kognitiven Beeinträchtigungen verbunden ist. Die Fünfjahresüberlebensrate nach der Diagnose liegt bei nur etwa zwanzig Prozent, eine Tatsache, die Goro wohl bekannt war.

»Wenn der Tumor metastasiert, ist die Strahlentherapie nur ein Tropfen auf dem heißen Stein. Dass der heutige Tag kommen würde, war abzusehen. Amamiya, du warst doch auch darauf vorbereitet, oder?«

»Das schon, aber ...«, begann Goro und stockte. Er konnte nicht anders, als zu widersprechen. »Aber heute Mittag war sie noch putzmunter. Wir konnten uns ganz normal unterhalten und sie hatte Appetit. Sie hat sich so auf das Konzert gefreut ...!«

»Verstehe«, sagte Todo und ließ resigniert die Schultern sinken. »Aber siehst du, Amamiya, Krankheiten sind tückisch. Sie löschen oft unerwartet das Lebenslicht der Patienten aus.«

»Das will ich nicht wahrhaben ...!«

»Ich auch nicht. Aber so ist es immer in Momenten wie diesem.«

Todo sah Goro bedauernd an. Nicht nur er, auch die anderen Ärzte und Krankenschwestern warfen ihm mitfühlende Blicke zu. Sie alle wussten, wie gut er sich mit Salina verstanden hatte.

Eine junge Krankenschwester wandte sich an ihn: »Vielleicht hat Salina so munter gewirkt, weil sie sich vor Ihnen stark zeigen wollte.«

»Vor mir ...?«

»In den letzten Wochen hat sich ihr Zustand stetig verschlechtert. Sie hatte mehrere Krampfanfälle und es gab Momente, in denen sie verwirrt und ihr Gedächtnis beeinträchtigt war.«

»Aber warum ...?«

Goro brach den Satz ab, bevor er ihn zu Ende sprach. Warum hatte ihm niemand davon erzählt? Die Antwort lag auf der Hand: Er war nur ein Assistenzarzt und nicht für Salina zuständig. Er hatte kein Recht, sich in ihre Behandlung einzumischen – das wusste er auch, ohne dass ihn jemand darauf hinweisen musste.

Doch die Krankenschwester gab ihm eine andere Antwort, als er erwartet hatte: »Tut mir leid. Salina hat mich gebeten, Ihnen nichts zu erzählen.«

»Was ...?«

»Sie hat die Zeit, die sie mit Ihnen verbrachte, mehr als alles andere geschätzt. Sie meinte, sie möchte bis zum Ende ausgelassen mit Ihnen reden. Deshalb wollte sie wohl nicht, dass Sie wissen, wie schlecht es um sie bestellt war. Aus Angst, Sie würden sich dann nicht mehr so unbefangen mit ihr unterhalten können.«

Goro war sprachlos. Nie war er auf den Gedanken gekommen, dass Salina sich solche Sorgen machte.

»Sie hat mir erzählt, ihr wolltet im Frühling zu einem Idol-Konzert gehen«, erwähnte Todo mit ernster Miene. »Als ich ihr die Erlaubnis erteilt habe, habe ich die Wahrscheinlichkeit, dass sie tatsächlich daran teilnehmen kann, als ziemlich gering eingeschätzt. Auf höchstens zehn Prozent.«

»Sie wussten, dass es fast unmöglich ist, und haben ihr den Ausgang trotzdem erlaubt?«

»So hatte sie etwas, auf das sie sich freuen konnte. Es wäre natürlich schön gewesen, wenn sie das Konzert hätte besuchen können, aber zumindest die Vorfreude wollte ich ihr nicht nehmen.«

»Sie sollte sich darauf freuen? Das ist doch grausam ...«

»Ich denke, Salina war sich dessen bewusst. Schließlich kannte sie ihren Zustand am besten.«

»Ich war also der Einzige, der nichts gemerkt hat?«

Goro ärgerte sich, wie dumm er gewesen war. Er war angehender Arzt und doch hatte er die Lüge seiner Patientin nicht durchschaut. Er biss die Zähne zusammen und fluchte leise. Hätte er die Lüge nur früher bemerkt, hätte er Salinas Zustand nur früher erkannt, dann hätte er ihre Zeit für wichtigere Dinge nutzen können.

»Apropos, was ist mit ihren Eltern? Sie sollten so schnell wie möglich zu ihr kommen.«

Die Krankenschwester schüttelte betrübt den Kopf. Sie erklärte ihm, Salinas Eltern könnten nicht kommen, weil sie wichtige Termine hätten, die sie nicht verschieben konnten. Goro war das ein Rätsel. Die Eltern besuchten ihr Kind nicht ein einziges Mal im Krankenhaus und erschienen nicht mal an ihrem Sterbebett? Bedeutete Salina ihnen denn gar nichts? Dachten sie etwa, sie wäre nicht traurig darüber? Die Wut über die Kaltherzigkeit von Salinas Eltern kochte in ihm hoch.

»Das kann doch nicht sein!«, rief er aufgebracht. Er konnte sich nicht mehr beherrschen. »Warum kommen ihre Eltern nicht, obwohl sie vielleicht sterben wird?«

»Beide arbeiten in Tokio. Es ist sicher schwer für sie, so schnell hierher zu eilen ...«, mutmaßte die Krankenschwester hilflos. Sie schien Mitleid mit Salina zu haben, schien aber gleichzeitig die Hoffnung aufgegeben zu haben.

Doch Goro sah es nicht ein. Die Zeit mit der Familie ist begrenzt. Man muss Erinnerungen schaffen, solange man kann, sonst ist es zu spät. Goro hatte selbst keine Erinnerung an seine Eltern, Selina sollte diese Einsamkeit nicht erleben.

»Und das sollen Eltern sein?!«, rief er fassungslos. »Einer Mutter müsste ihr Kind doch alles bedeuten ...«

Todo seufzte resigniert.

»Das ist eine Illusion. Es gibt halt Rabeneltern. Sehr viele sogar.«

Seine Stimme war kühl, sein Gesichtsausdruck zeigte weder Wut noch Trauer. Der Chirurg hatte im Laufe seiner Karriere zahlreiche Patienten behandelt. Nicht zum ersten Mal erlebte er den Tod einer jungen Patientin. Wenn er also sagte, dass Eltern wie die von Salina nicht selten sind, dann müsste das stimmen. Trotzdem konnte Goro ihr Verhalten nicht akzeptieren. Die Vorstellung, dass Salina einsam aus dem Leben scheiden würde, zerriss ihm das Herz.

Todo fuhr ruhig fort: »Salina hat dich sehr gemocht. Bleib du bei ihr, bis zum Ende.«

Goro konnte nichts mehr erwidern. Obwohl noch immer eine Wut in ihm kochte, wusste er nicht, gegen wen oder was er sie richten sollte.

Vielleicht hatte Todo seine Gefühle erkannt. Er seufzte leise und warf dem jungen Arzt einen mitleidigen Blick zu.

»Es mag eine schwere Erfahrung sein, aber es ist ein Weg, den jeder Arzt einmal gehen muss. Lass dich nicht zu sehr runterziehen.«

Was sollte er darauf antworten? Goro war noch nicht einmal dazu fähig, die Lage vollständig zu realisieren. Alles, was er aus sich herauspressen konnte, war ein leises »Ja«.

Das Krankenzimmer zweihunderteins war von einer ernsten Atmosphäre erfüllt. In dem dunklen Raum hallten nur der unaufhörliche Regen und das elektronische Piepen des EKG-Geräts wider, die eine Disharmonie erzeugten.

Salina lag mit geschlossenen Augen im Bett. Ihre Haut war trocken und so blass wie Porzellan. Sie wirkte wie eine leblose Puppe. Ihre äußere Erscheinung machte unmissverständlich klar, dass sie dem Tod nahe war. Zwar schien sie nicht bei Bewusstsein zu sein, aber man konnte erkennen, dass sie litt. Unter dem Sauerstoffgerät atmete sie flach und schnell. Ihre Stirn war von tiefen Falten durchzogen. Noch vor einem halben Tag hatte sie fröhlich gelacht, doch nun war sie kaum wiederzuerkennen.

Goro saß mit hängendem Kopf auf dem Stuhl neben ihrem Bett.

»Warum nur? Warum muss das sein …?«

Es war nicht das erste Mal, dass Goro im Krankenhaus jemanden sterben sah. Er hatte sich auch schon von seiner eigenen Großmutter verabschieden müssen und während seiner Ausbildung mehrere Patienten verloren, zu denen er eine gute Beziehung aufgebaut hatte. Doch so niedergeschlagen wie jetzt war er noch nie gewesen. Bei dem Anblick, wie Salina immer schwächer wurde, drohte etwas in ihm zu zerbrechen. Der Grund dafür war eindeutig: Salina war ihm ans Herz gewachsen.

»Dabei habe ich sie anfangs für ein komisches Mädchen gehalten«, murmelte er in sich hinein.

Goro hatte Salina im vorigen Sommer kennengelernt. Er hatte sie aufgehalten, als sie aus dem Krankenhaus fliehen wollte. Mit der Zeit waren *B-Komachi* und Ai ein stetiger Anlass geworden, sich oft zu unterhalten. Goro erinnerte sich an jedes Gespräch mit Salina. Wenn sie über ihre Stars sprach, strahlte sie vor Freude, weshalb Goro begann, sie immer sympathischer zu finden. Er selbst hatte nie etwas gehabt, das ihn so sehr begeisterte. Das Einzige, was er als Hobby bezeichnen konnte, war das Lesen, und selbst das war nicht etwas, das er über alles andere liebte. Etwas mit ganzem Herzen zu lieben, war ihm fremd gewesen. Nun im Nachhinein erkannte er, dass Salina wohl genau deshalb sein Interesse geweckt hatte.

»Obwohl sie aus ähnlichen Verhältnissen kommt wie ich, ist sie völlig anders«, bemerkte er leise.

Salina hatte kaum die Liebe ihrer Familie erfahren und stattdessen ihre Zeit allein im Krankenhaus verbracht. Möglicherweise hatte Goro sich in ihr wiedererkannt. Denn er kannte seine Eltern nicht und hatte nur die Option gehabt, den Erwartungen seiner Großmutter gerecht zu werden. In diesem Sinne trugen Salina und Goro dasselbe Schicksal.

Doch Salina hatte etwas, das Goro nicht hatte: eine starke Leidenschaft für Ai und *B-Komachi*. Goro konnte ihre Leidenschaft noch nicht ganz teilen, aber es bereitete ihm Freude zu beobachten, wie sie ihre Stars anfeuerte. Er musste zugeben, dass Salinas Lächeln ihm das Gefühl gegeben hatte, von seiner Vergangenheit erlöst zu werden. Er beneidete sie dafür, dass sie ihre Liebe für Ai aus tiefstem Herzen bekennen konnte.

»Sie hat sich so darauf gefreut, Ai zu sehen ...«

Als Goro die Karten für das Konzert in Miyazaki ergattert und ihr geschenkt hatte, hatte sich Salina über alle Maßen gefreut. Alleine ihr strahlendes Lächeln löste in ihm das Gefühl aus, dass sich all die Mühen gelohnt hatten. Doch kurz bevor ihr Traum wahr werden konnte, würde Salina von der Bühne des Lebens abtreten.

»Das darf nicht wahr sein ... Das ist zu grausam, lieber Gott ...«

Salina war erst zwölf Jahre alt. Eigentlich sollte sie zur Schule gehen, sich mit Freunden treffen und eine fröhliche Zeit verbringen. Allein und einsam im Krankenbett dahinzuscheiden war einfach zu traurig.

Goro sah auf Salinas Gesicht hinab und biss sich auf die Unterlippe. Wie viel Mitleid er auch empfand, er konnte nichts für sie tun. Selbst erfahrene Ärzte wie Todo hatten die Hoffnung aufgegeben. Die moderne Medizin konnte sie nicht retten. Alles, was in seiner Macht stand, war hier in ihrer letzten Stunde bei ihr zu sein. Seine Machtlosigkeit war ihm unerträglich.

Dann, in diesem Moment, hörte er eine schwache Stimme.

»Doktor ...?«

Salina schlug langsam ihre Augen auf. Offenbar war sie wieder bei Bewusstsein. Mit zitternden Händen nahm sie die Sauerstoffmaske von ihrem Mund und lächelte Goro an.

»Du bist gekommen ... Tut mir leid, ich hab's nicht gemerkt.«

»Überanstreng dich nicht, Salina. Du musst dich ausruhen ...«

Bevor Goro seinen Satz beenden konnte, unterbrach ihn Salina.

»Ich hatte einen Traum.«

»Einen Traum?«

»Ich bin ein Idol geworden«, erzählte sie mit sanfter Stimme. Ihre Augen leuchteten hell und ließen Goro fast vergessen, dass sie dem Tod so nahe war. »Ich bin *B-Komachi* beigetreten. Ich stand auf der Bühne, genau wie Ai, und gab ein Konzert vor vielen Leuten.«

»Ein Konzert ...«

»Zwei andere Mitglieder waren auch dabei. Sie waren super süß und wir drei waren richtig gute Freunde.« An dieser Stelle kicherte Salina leise. »Komisch. Dabei besteht *B-Komachi* doch eigentlich aus sieben Mitgliedern.«

»Na ja, Träume sind halt manchmal wirr.«

Goro versuchte, Salina ein Lächeln zu schenken, doch gelang es ihm nur, eine schiefe Grimasse zu ziehen. Es brach ihm das Herz, sie über ihren Traum sprechen zu hören, obwohl sie so nah am Ende ihres Lebens war.

»Im Publikum warst auch du, Doktor. Du hast eifrig die Leuchtstäbe geschwenkt und uns angefeuert. Das hat mich wirklich glücklich gemacht …«, sagte Salina und verengte die Augen. Eine Träne lief ihr über das trockene Gesicht und hinterließ eine Spur.

Goro wusste nicht recht, wie er reagieren sollte, zwang sich jedoch zu einem Lächeln und nickte.

»Klar werde ich dich anfeuern. Da kannst du dich drauf verlassen. Wenn du ein Idol wirst, bin ich der Erste, der zum Konzert kommt.«

»Hi hi … Ja, du bist schließlich schon ein richtiger Idol-Fan.«

»Nein, das stimmt nicht …«

Gerade als Goro den Kopf schütteln wollte, verzog Salina qualvoll das Gesicht, wahrscheinlich aufgrund starker Schmerzen im Kopf. Goro griff nach dem Notfallknopf.

»Warte hier. Ich hole sofort Dr. Todo.«

Doch Salina schüttelte den Kopf.

»Schon okay … Ich weiß, dass mir niemand mehr helfen kann …«

»Das ist nicht wahr. Du wirst sicher bald gesund. Ganz sicher. Es ist nur eine Frage der Zeit, bis du entlassen wirst. Dann können wir auf so viele Konzerte von *B-Komachi* gehen, wie du willst, und du kannst eine Karriere als Idol starten«, versicherte Goro und erkannte schmerzlich, wie oberflächlich seine Worte klangen. Salina hatte keine Zukunft mehr. Egal wie sehr er versuchte, optimistisch zu bleiben, waren all die Visionen leider unmöglich.

Salina war sich anscheinend darüber bewusst. Sie sah ihn an und lächelte schwach.

»Doktor, du bist wirklich lieb. Aber ein grottenschlechter Lügner ...«

»Ist doch gar nicht gelogen.«

»Dein Gesicht verrät alles. Du musst lernen, besser zu lügen«, schmunzelte Salina und griff nach etwas, das auf dem Nachttisch lag. Sie hob es auf und reichte es Goro. »Doktor ... Das ist für dich.«

Was sie ihm überreichte, war ein Schlüsselanhänger aus Acryl. Darauf waren eine Chibi-Version von Ai und die Worte »Ai ist und bleibt auf ewig mein Star!!« gedruckt. Der Anhänger schien ein offizieller Merchandiseartikel von *B-Komachi* zu sein.

»Als es mir besser ging, bin ich einmal zu einem Konzert von *B-Komachi* gegangen und hab diesen Anhänger aus einem Automaten gewonnen ...«

Salinas Stimme wurde immer schwächer. Mit jedem Wort, das sie sprach, schien ihr Lebenslicht kleiner zu werden. Es war für Goro unerträglich, dass er nichts dagegen tun konnte.

»Behalte ihn bitte und denk an mich.«

Salina hatte einmal versucht, zu einem Konzert zu gehen. Doch ihr Zustand hatte es nicht zugelassen und sie hatte noch vor Beginn ins Krankenhaus zurückkehren müssen. Es war das einzige Mal, dass sie an einem Event von *B-Komachi* hatte teilnehmen können. Der Schüsselanhänger war deshalb ein ganz besonderer Schatz für sie. Goro wollte gar nicht daran denken, was es bedeutete, dass sie nun Abschied davon nahm. Doch er durfte kein trauriges Gesicht machen. Er biss die Zähne zusammen und drückte den Anhänger fest in seiner Hand.

»Alles klar. Ich werde ihn für immer in Ehren halten.«

Seine Worte zauberten ein erleichtertes Lächeln auf Salinas Lippen. Mit Tränen in den Augen schaute sie zu Goro auf.

»Ich hab dich lieb, Doktor …«

Ihre Fingerspitzen berührten seine Wange. Sie waren kalt. Die Wärme des Lebens war bereits aus ihrem Körper verschwunden.

»Bestimmt selbst dann, wenn ich wiedergeboren werde …«

Mit diesen Worten schloss Salina ihre Augen. Ihre Hand, die Goros Wange berührt hatte, fiel kraftlos auf das Bett. Das elektronische Piepen des EKG-Geräts, das bis dahin unregelmäßig erklungen war, hörte auf. Salinas Herz hatte seinen Dienst beendet.

Goro vergaß zu atmen.

Es gibt keine Wiedergeburt. Er würde Salinas Lächeln nie wieder sehen. Diese Erkenntnis zerbrach ihm das Herz. Bis zuletzt hatte er nichts für sie tun können. Er war nur für eine kurze Zeit jemand gewesen, mit dem sie sich hatte unterhalten können. Er hatte sie weder retten noch ihr schöne Erinnerungen schaffen können. Und das, obwohl er sich als Arzt bezeichnete. Obwohl Salina ihn immer »Doktor« nannte. Er verfluchte seine Ohnmacht.

Goro stand im Dunkeln da und sah auf Salinas leblosen Körper hinab. Selbst als seine Sicht verschwamm und er ihr

Gesicht nicht mehr klar erkennen konnte, starrte er weiter auf sie. Nur in der Ferne war das Prasseln des heftigen Regens zu hören.

※

In den Tagen unmittelbar nach Salinas Tod verfiel Goro in eine Routine, die ihm kaum Zeit ließ, über seinen Verlust nachzudenken. Salinas Vater kam erst drei Tage nach ihrem Ableben ins Krankenhaus. Ihre Mutter ließ sich gar nicht blicken. Der Vater wechselte einige wenige Worte mit dem Personal, nahm Salinas Leichnam an sich und verschwand rasch wieder. Goro hatte beschlossen, nicht dabei zu sein, aus Sorge, er könne seine Emotionen nicht im Zaum halten. Stattdessen flüchtete er sich an jenem Tag in seine klinische Ausbildung, folgte den Visiten älterer Ärzte, assistierte bei Operationen und ertrug die langen Reden des Klinikleiters. Tagein, tagaus wiederholte sich das gleiche Szenario. Die ständige Beschäftigung bot ihm eine willkommene Ablenkung. Solange er aktiv war, konnte er den Schmerz über Salinas Tod verdrängen.

So verstrich die Zeit. Der Februar hatte begonnen, aber es herrschte noch immer eine bittere Kälte. An Goros Alltag hatte sich äußerlich nichts geändert. Er erledigte seine Aufgaben, genau wie vor seiner Begegnung mit Salina. Er strebte weiterhin fokussiert danach, Gynäkologe zu werden, und widmete sich gewissenhaft seiner Ausbildung. Das Einzige, was sich geändert hatte, war die Menge des Alkohols, die er nach der Arbeit trank.

»Bitte sehr. Single Malt, pur.«

Der grauhaarige Barbesitzer stellte ein Glas mit bernsteinfarbener Flüssigkeit vor Goro auf den Tresen. Die Bar, ein etabliertes Lokal hinter dem Bahnhof von Nobeoka, war ruhig und leer. Der alte Inhaber schien den Laden alleine zu führen. Alles in der Bar, von den Gläsern über die Regale bis zu den Ledersitzen, strahlte eine Retro-Atmosphäre aus. Die Wände, geschmückt mit Vintage-Gitarren und Jazz-Platten aus den siebziger Jahren, verliehen dem Ort einen altmodischen, aber angenehmen Charme. Es war der ideale Ort, um in Ruhe zu trinken.

Goro leerte das Whiskyglas in einem Zug. Der sanfte Geschmack breitete sich in seinem Mund aus, sein Hals brannte. Die Welt schien sich leicht zu verzerren, ein warmes Gefühl der Betrunkenheit stellte sich ein. Von Anfang an hatte er nicht vorgehabt, den Geschmack zu genießen. Alles, was Goro in diesem Moment wollte, war der Rausch des Alkohols. Ohne drohte ihn die eigene Ohnmacht zu erdrücken.

Er stellte das Glas zurück auf den Tresen und sah zum Barbesitzer hinauf.

»Noch einen, bitte.«

Der alte Mann sah ihn mit einer tiefen Sorgenfalte auf seinem ohnehin schon faltigen Gesicht an.

»Noch einen? Junge, du schaust heute aber besonders tief ins Glas. Vielleicht solltest du besser auf Wasser umsteigen.«

Solche Ratschläge kann er sich sparen, dachte Goro. Er trank, um sich zu betrinken. Das war alles. Ohne ein Wort zu erwidern, starrte er dem Inhaber in die Augen. Dieser seufzte schließlich und füllte Goros Glas erneut mit Whisky.

»Das ist schon dein zwanzigstes Glas heute Abend.«

»Danke«, entgegnete Goro kurz angebunden und nahm einen Schluck. Der Geschmack des Alkohols war ihm gleich geworden. Nicht nur der Alkohol; nichts schmeckte ihm mehr.

Der Barbesitzer sah Goro besorgt an.

»Ich weiß ja nicht, was passiert ist, aber sich zu betrinken ist keine Lösung.«

»Ich habe nicht vor, mich zu betrinken«, log Goro.

»Das ist schlecht für deine Gesundheit. Du bist noch jung. Wenn du jetzt schon zum Arzt musst, wäre das nicht gut.«

Gern hätte Goro erwidert, dass er selbst ein Arzt sei, aber stattdessen zuckte er nur mit den Schultern. Er war noch in der Ausbildung. Und selbst wenn er ein vollwertiger Arzt wäre, was würde das schon ändern? Er wusste aus erster Hand, wie machtlos die Medizin sein konnte.

»Lass mich. Ich werde dem Laden keine Probleme bereiten.«

Der Besitzer schien zu erkennen, dass Goro nicht gewillt war, sich weiter zu unterhalten. Mit einem kurzen »Meinetwegen« wandte er sich ab. Seine verständnisvolle Art war einer der Gründe, warum Goro diesen Ort schätzte.

Als er sein Glas erneut zum Trinken hob, öffnete sich die Tür des Lokals.

»Oh. Bist du es, Goro?«

Da er seinen Namen hörte, drehte er seinen Kopf zur Eingangstür und erblickte eine Frau mit stark geschminktem Gesicht, gefärbten braunen Haaren und einer Dauerwelle. Sie trug ein Oberteil mit großen Rüschen, das ihre Schultern freilegte, und einen pinkfarbenen Minirock. Sie wirkte wie eine Hostess. Ihre mit Mascara betonten Augen kamen Goro irgendwie bekannt vor.

»Ah, äh ...«

»Ich bin's, Yumiko. Erinnerst du dich?«

Die Frau näherte sich dem Tresen und setzte sich neben ihn, wobei sie einen intensiven, süßlichen Parfümduft versprühte.

»Ich hätte gern das Gleiche wie er«, bestellte sie beim Besitzer.

Goro versuchte sich zu erinnern, wo er sie möglicherweise getroffen hatte, aber sein vom Alkohol benebeltes Gehirn war ihm keine große Hilfe. Wenn er sich nicht erinnern konnte, dann war es eben so. Wahrscheinlich war sie keine besonders wichtige Bekanntschaft. Nach einem Schluck aus seinem Whiskeyglas gab er ehrlich zu: »Tut mir leid, aber ich habe keine Ahnung, wer du bist.«

»Jetzt sei doch nicht so! Das ist nicht witzig«, lachte Yumiko.

»Nee, jetzt im Ernst.«

»Oh, hast du mich wirklich vergessen? Na ja, es ist auch schon ein Jahr her, seit wir das letzte Mal zusammen getrunken haben. Hach, das weckt Erinnerungen.«

Yumiko lächelte verschmitzt und lehnte sich vertraulich an Goro, so nah, dass er ihren Atem spüren konnte. Es schien, als wären sie nicht nur gewöhnliche Trinkkameraden gewesen.

»Du hast dich lange nicht gemeldet. Ich hab dich vermisst.«

Es gab eine Zeit, in der Goro von einer Kneipe zur nächsten gezogen war. Das war damals gewesen, nachdem er das

Medizinstudium in Tokio abgeschlossen hatte und für seine Ausbildung nach Miyazaki zurückgekehrt war. Sie könnte eine der Frauen sein, mit denen er damals engeren Kontakt gehabt hatte. Davon gab es mehrere, also wusste er es nicht mehr genau.

»Aber ich weiß schon, du warst sicher beschäftigt. Du bist schließlich ein angehender Arzt. Die Mädels lassen dich bestimmt auch nicht in Ruhe, was?«

»Es ist nicht so, wie du denkst.«

Tatsächlich hatte Goro in letzter Zeit nicht wirklich an Frauen gedacht. Seine Aufmerksamkeit galt stattdessen voll und ganz *B-Komachi*. Er verbrachte den Großteil seiner Freizeit damit, sich die DVDs und Ausschnitte aus dem Internetradio anzuhören, die Salina ihm geliehen hatte, oder die neuesten Informationen über die Gruppe im Internet zu sammeln.

Nach allem, was du gesagt hast, bist du also doch ein großer Fan von Ai geworden, Doktor.

Plötzlich hallte Salinas niedliche Stimme durch seinen Kopf. Goro spürte einen stechenden Schmerz in seiner Brust. Vielleicht war die Erinnerung hochgekommen, weil er noch nicht betrunken genug war. Goro nahm einen weiteren Schluck Whisky, was Yumiko aus den Augenwinkeln beobachtete und schmunzelte.

»Du siehst ganz schön mitgenommen aus. Hast du dich etwa unglücklich verliebt?«

»Hä?«

»Heute Abend siehst du aus wie ein ausgesetztes Hündchen. Hast du dich kürzlich von deiner Freundin getrennt?«

»Das geht dich nichts an«, erwiderte Goro schroff. Sie trat in seine Privatsphäre ein, als wäre es das Normalste der Welt. Was für eine dreiste Frau. »Lass mich einfach in Ruhe.«

Doch Yumiko gab nicht auf, sondern beugte sich frech zu ihm vor.

»Du musst sie wirklich sehr geliebt haben. Was war sie denn für eine?«

Statt einer Antwort leerte Goro sein Glas in einem Zug. Salina war nicht seine Freundin. Sie war nicht einmal eine seiner Patienten. Was war sie dann für ihn? Schwer zu beschreiben. Ein Mädchen mit einer unheilbaren Krankheit, das er während seiner Ausbildung im Krankenhaus kennengelernt hatte. Ein großer Fan von Underground-Idols. Ein Mädchen, das davon träumte, Idol zu werden. All diese Beschreibungen stimmten zwar und doch schien keine von ihnen richtig. Obwohl er ein halbes Jahr mit Salina verbracht hatte, konnte er nicht eindeutig sagen, was sie ihm bedeutete. Diese Tatsache schockierte ihn.

Sie hatte ihr kurzes, zwölfjähriges Leben auf dem Krankenbett beendet. Wegen ihrer Krankheit war ihr keine Elternliebe zuteilgeworden und ihre Träume waren unerreicht geblieben. Was war der Sinn ihres Lebens? Was blieb von ihr?

Goro blickte in sein Glas und stellte sich Salinas Gesicht vor. Ihr strahlendes Lächeln kam ihm sofort in den Sinn, was ihn erleichterte. Mit der Zeit jedoch würde es immer schwieriger werden, sich an sie zu erinnern. Ihre Familie würde sie vergessen und eines Tages auch die Ärzte. Würde es dann nichts mehr geben, was bewies, dass sie gelebt hatte? Die Vorstellung war bedrückend.

Goro seufzte. Wegen all dieser Gedanken fühlte sich sein Kopf schwer an. Es war Zeit, die Bar zu verlassen. Er stand vom Stuhl auf, zog einen Geldschein aus seiner Hosentasche und legte ihn achtlos auf den Tresen. Dann ging er mit schwankenden Schritten auf den Ausgang der Bar zu. Hinter ihm hörte er Yumiko fragen, wohin er denn wolle. Er brachte jedoch nicht die Kraft auf, ihr zu antworten.

※

Goro spürte den kalten Wind auf seiner vom Alkohol erhitzten Haut. Ein Blick auf die Uhr seines Handys verriet ihm, dass es kurz nach zweiundzwanzig Uhr war. Noch konnte er ein Taxi vor dem Bahnhof erwischen. Langsam machte er sich auf den Weg dorthin. Die kalte Luft schien ihn bei jedem Schritt etwas mehr auszunüchtern, er fühlte sich nicht mehr betrunken genug. Gleich würden ihm wieder all die Gedanken durch den Kopf schießen. Vielleicht sollte er zu Hause noch etwas trinken.

Als er sich solche Gedanken machte, fühlte er plötzlich etwas an seiner rechten Seite.

»Goro, Schätzchen!«, sagte Yumiko, die sich in seinen rechten Arm eingehakt hatte. Ihr starkes Parfüm war fast betäubend.

»Hey, was machst du da?«

»Dein trauriges Gesicht hat mich irgendwie eifersüchtig gemacht«, kicherte sie.

»Was?«

»Wenn es so ein trauriger Abschied war, geht es dir doch bestimmt schlecht, oder? Soll ich dich heute Nacht trösten?«

»Nein, danke.«

Als Goro Yumiko wegzustoßen versuchte, blähte sie beleidigt ihre rosa geschminkten Wangen auf.

»Ach, komm schon. Wir haben uns lange nicht gesehen, lass uns irgendwo anders weitertrinken.«

»Du nervst. Wenn du mit einem Mann trinken willst, such dir jemand anderen. Da gibt es genug.«

Goro versuchte, sich sofort aus ihrem Griff zu befreien, aber Yumiko ließ ihn nicht los. Stattdessen hielt sie seinen Arm mit beiden Händen fest.

»Wir müssen ja nichts trinken. Wir können auch irgendwo hingehen, wo wir unter uns sind.«

»Hör endlich auf damit.«

Goro schüttelte den Kopf, sichtlich genervt. Er hatte keine Lust, sich mit dieser aufdringlichen Frau herumzuschlagen. Früher hätte er sich vielleicht auf sie eingelassen, aber jetzt war sie das Letzte, was er gebrauchen konnte.

»Lass mich los«, schimpfte er und versuchte, Yumiko wegzudrücken, als hinter ihm plötzlich eine tiefe Stimme ertönte.

»Hey! Was machst du mit meiner Freundin, du Mistkerl?!«

Goro drehte sich um und sah einen Mann mit nach hinten gekämmten Haaren. Er war in seinen Dreißigern, muskulös und trug ein auffälliges Hemd mit Muster. Eine silberne Kette funkelte an seinem offenen Kragen. Ein typischer Schlägertyp.

Der Mann starrte Goro an, eine Zornesader war auf seiner Stirn zu sehen.

»Brauchst wohl eine aufs Maul!«

Als der Schlägertyp die Zähne fletschte, ließ Yumiko ihn hastig los. Anscheinend war dieser Mann ihr Liebhaber oder Ähnliches, was Goro natürlich egal war. Er richtete seine Brille und sah ihm in die Augen.

»Hier liegt wohl ein Missverständnis vor. Sie hat sich an mich rangemacht.«

»Was?! Versuchst du, dich rauszureden?!«

Der Mann näherte sich Goro mit großen Schritten, griff nach seinem Kragen, bevor er ihm fluchend mit der Faust ins Gesicht schlug. Funken sprühten vor Goros Augen. Überrascht von dem plötzlichen Schmerz konnte er nicht sofort reagieren. Seine Brille glitt von seiner Nase und fiel auf den Asphalt. Gerade als er fragen wollte, was das sollte, holte der Mann erneut aus und traf Goro hart an der Schulter, sodass er auf den Hintern fiel.

»Aah!«, schrie Yumiko erschrocken auf. »Hör auf, Tatchan! Doch keine Gewalt …«

»Fresse! Halt du dich da raus!«, fauchte der Mann und stieß sie beiseite, außer sich vor Wut. Die Art und Weise, wie er heftig schnaubte, erinnerte Goro an einen rasenden Stier.

Solche aggressiven Typen, die gleich gewalttätig wurden, waren nicht selten – APS, Antisoziale Persönlichkeitsstörung, erinnerte sich Goro aus seinen Studientagen. Obwohl dieses Wissen für einen angehenden Arzt mit Schwerpunkt Gynäkologie kaum relevant war, kam ihm dieser Begriff augenblicklich in den Sinn. Trotz der Schläge blieb Goros Verstand erstaunlich klar. Er war selbst überrascht von seiner eigenen Ruhe in dieser heiklen Situation. *Liegt es am Alkohol? Oder ist in meinem Kopf eine Schraube locker, weshalb ich keinen*

Schmerz mehr empfinden kann?, fragte er sich. Er erinnerte sich daran, dass ihm einst gesagt worden war, er hätte den Geschmack eines alten Knackers. Tatsächlich war er völlig unsensibel und gefühllos geworden, wie ein Greis, der nichts mehr empfinden kann. Er fühlte weder Schmerz noch Trauer, Freude oder Vergnügen. Vielleicht hatte jenes Mädchen doch eine gute Menschenkenntnis gehabt – bei dem Gedanken lachte er in sich hinein.

Sein Lächeln schien dem Schläger alles andere als zu gefallen. Wutentbrannt verzog er das Gesicht: »Du willst mich wohl verarschen! Verdammter Mistkerl!«

Er hob sein Bein, zielte auf Goros Bauch und trat zu.

Goro spürte einen stechenden Schmerz, als die Schuhspitze in seinen Magen drang. Unwillkürlich entfuhr ihm ein schmerzerfülltes Stöhnen. Sollte er fliehen, sich verteidigen oder die Polizei rufen? Er hatte zwar Optionen, entschied sich jedoch, nichts zu tun. Indem er den Schmerz auf sich nahm, konnte er nämlich alles andere ausblenden. Selbst wenn er hier und jetzt sterben würde, würde sich nichts an der Welt ändern. Ihm war alles egal.

Goros Wehrlosigkeit schien den Schläger zu ermutigen, sodass er sich rittlings auf ihn setzte und weiter auf ihn einschlug.

»Ich werde dir nicht verzeihen, du Arschloch! Du hast es gewagt, die Frau eines anderen anzubaggern! Ich bringe dich um!«

Er traf Goro am Kopf und Gesicht. Allmählich verlor der junge Arzt das Bewusstsein. Es kam ihm vor, als würde die Frau neben ihnen etwas schreien, aber auch ihre Stimme wurde immer ferner und ferner. Goro scherte sich nicht darum. Ihm war alles egal geworden. Wenn der Mann ihn töten wollte, dann sollte er es tun. Vielleicht lag es am Alkohol, dass sein Körper sich so schwer wie ein Bleiklumpen anfühlte. Ihm fehlte sogar die Energie, um sich zu verteidigen. Was hatte es schon für einen Sinn weiterzuleben? Morgen, übermorgen, die sinnlosen Tage würden endlos weitergehen. Goro konnte keine Freude mehr in seinem Leben entdecken. Lieber war es ihm, hier und jetzt zu Tode geprügelt zu werden.

»Am besten wäre es, wenn jetzt alles einfach enden würde«, murmelte er vor sich hin, während er zu dem verzerrten Grinsen des Schlägertypen hinaufsah.

In diesem Augenblick spürte Goro plötzlich Yumikos Blick auf sich haften. Mit leeren Augen starrte sie ihn an. Er fragte sich, was wohl los war. Sie senkte den Blick und flüsterte leise: »Das geht nicht.«

Ihre Stimme hatte einen mysteriösen, fast mystischen Klang. Der Schläger hielt inne.

»Hä? Hast du was gesagt?«, fragte er.

Yumiko ignorierte ihn und trat einen Schritt näher zu Goro, hockte sich zu ihm hin und sah ihm in die Augen. Sie schien nicht mehr dieselbe Person zu sein, die noch vor wenigen Augenblicken neben ihm gestanden hatte, fast als hätte etwas von ihrem Körper Besitz ergriffen.

»Glaubst du, indem du hier stirbst, würdest du irgendwelche Sünden büßen? Glaubst du, das hätte sie gewollt?«

Goro traute seinen Ohren nicht. Yumikos leere Augen schienen direkt in sein Herz zu blicken. Auch der Schläger runzelte verwirrt die Stirn. Ohne seine Frage zu beachten, fuhr

Yumiko fort: »Du bist noch nicht am Ende. Dein Leben darf noch nicht enden.«

Goro war wie gebannt von ihren Worten. Es kam ihm so vor, als stünde er einer übermenschlichen Existenz gegenüber.

»Was meinst du damit?«, fragte er.

»Du hast noch eine Aufgabe.«

»Eine Aufgabe?«

Yumiko stand auf, ihren Blick fest auf ihn gerichtet. Ihr Ausdruck wirkte übernatürlich, fast außerweltlich.

»Behalte den Beweis in Ehren, dass jenes Mädchen gelebt hat.«

»Jenes Mädchen? Beweis, dass sie gelebt hat? Wovon redest du? Wer bist du überhaupt ...?«

Anstatt zu antworten, zeigte Yumiko mit ihrer rechten Hand auf Goro. Ihr Zeigefinger wies dabei direkt auf seine Brust. Als Goro dort hinfasste, spürte er etwas Hartes. In diesem Moment fiel ihm ein, dass er den Schlüsselanhänger, den er von Salina bekommen hatte, in der Innentasche dieses Sakkos gelassen hatte. Der Schlüsselanhänger aus Acryl, den sie von einem Konzert von *B-Komachi*, dass sie einst besuchen wollte, mitgenommen hatte.

Er nahm den Schlüsselanhänger aus der Tasche und sah das lächelnde Bild von Ai. Es war das magische Lächeln, von dem Salina immer gesprochen hatte. Ein Lächeln, das jeden in seinen Bann zieht.

Wieso wusste diese Frau von dem Schlüsselanhänger? Es war ihm ein Rätsel. Der Schlägertyp war ebenfalls überrascht und stand mit offenem Mund da.

»Yumiko? Was ist los mit dir?«

Doch seine Freundin drehte ihm wortlos den Rücken zu. Dann ging sie einfach weg, als wäre nichts passiert.

»Hey! Warte! Wo willst du hin?«

Der Schlägertyp stand auf und eilte ihr nach. Es dauerte nicht lange, bis die beiden in der Dunkelheit der Nacht verschwunden waren.

Goro blieb allein auf der Straße zurück, völlig perplex. Was sollte dieses seltsame Verhalten von Yumiko?

»Ich versteh nur Bahnhof ...«

Er hielt seinen schmerzenden Kopf und richtete sich auf. Lag es am Alkohol oder an den Schlägen? Jedenfalls war er nicht bei klarem Verstand. Es würde ihn nicht überraschen, wenn das gerade Geschehene ein Traum gewesen wäre. Aber Goro konnte das Gespräch nicht als bloße Halluzination abtun. Die Worte der Frau kreisten durch seinen Kopf.

»Ein Beweis, dass sie gelebt hat ...«, murmelte er und sah erneut auf den Schlüsselanhänger mit der Aufschrift »Ai ist und bleibt auf ewig mein Star!!«. Ais magisches Lächeln funkelte genauso wie an jenem Tag.

Am nächsten Tag betrat Goro die Abteilung für Neurochirurgie, den Ort, den er seit Salinas Tod gemieden hatte. Er fühlte sich durch die Worte der Frau vom Vorabend dazu gedrängt. Das Gefühl ließ ihn nicht los, dass er hier die Antwort darauf finden würde, was sie gemeint hatte.

Kaum hatte der angehende Arzt den Raum betreten, sah Todo ihn erschrocken an.

»Amamiya, was ist mit deinem Gesicht passiert?«

Seine Überraschung war nicht verwunderlich. Die nächtliche Auseinandersetzung hatte Goros Gesicht deutlich gezeichnet. Es war ihm jedoch peinlich, an seinem Arbeitsplatz zuzugeben, dass er betrunken in eine Schlägerei verwickelt worden war.

»Äh … Ich bin gestolpert«, log Goro, woraufhin Todo ihn skeptisch musterte. Als erfahrener Chirurg musste er natürlich durchschaut haben, dass solche Verletzungen nicht einfach durch Stolpern entstehen. Goro wechselte schnell das Thema.

»Entschuldigen Sie, dass ich lange nicht mehr hier war. Dabei haben Sie so viel für Salina und mich getan.«

»Du musst dich nicht entschuldigen. Mir tut es leid, dass ich dir eine harte Aufgabe aufgedrückt habe«, antwortete Todo mitleidsvoll. Dann schien ihm etwas in den Sinn zu kommen. »Ach ja, ich habe hier etwas für dich. Eine Krankenschwester hat es in der Schublade von Salinas Nachttisch gefunden, als sie ihr Krankenzimmer aufgeräumt hat.«

Mit diesen Worten reichte er Goro einen weißen Umschlag, auf dem in einer süßen, rundlichen Handschrift »An Doktor Goro« stand.

»Wir haben nicht hineingeschaut. Ich nehme an, Salina wollte dir noch etwas Wichtiges mitteilen«, vermutete Todo.

Goro nahm den Brief dankend entgegen. Vielleicht würde er ihm die Antworten liefern, die er suchte.

※

Nach einem kurzen Gespräch mit Todo begab sich Goro ins Krankenzimmer zweihunderteins, dem ehemaligen Zimmer von Salina. Es war leer und wirkte vollkommen anders: Neue Vorhänge, frische Bettwäsche und die DVDs sowie andere Gegenstände von *B-Komachi,* die sonst immer auf dem Nachttisch gestanden hatten, waren weggeräumt worden. Das Zimmer war sauber und ordentlich und ließ keine Spur von Salina mehr erkennen, was Goro traurig stimmte.

Er ließ sich tief in den Stuhl neben dem Bett fallen und betrachtete den Umschlag in seinen Händen. Er hatte keinen spezifischen Grund für seinen Besuch, aber das Zimmer erschien ihm als der geeignete Ort, um Salinas Brief zu lesen.

Mit einem Brieföffner öffnete er den Umschlag und entnahm ein sorgfältig gefaltetes Papier, verziert mit niedlichen Charakteren. Als er es entfaltete, stach ihm der Gruß »Hallöchen Doktor!« in fröhlicher Schrift entgegen.

»Wenn du das hier liest, bin ich wohl nicht mehr am Leben. Ich wette, du machst auf cool, aber insgeheim bist du sicher traurig. Hab ich recht?«

»Kann sein«, murmelte Goro schmunzelnd. Salina Vermutung stimmte größtenteils. Offenbar hatte sie ihn gut durchschaut.

»Darum gibt es etwas, das ich dir empfehlen möchte. Das musst du dir unbedingt anschauen.«

Es folgte eine URL, die mit »http://« begann. Mehr stand nicht in dem Brief – eine knappe Nachricht, die Goro ein wenig ernüchterte.

»Heißt das, ich soll die Seite besuchen?«, fragte sich Goro und zog sein Handy hervor, um die URL in den Browser einzugeben. Er landete auf einer Videoseite. Kaum hatte er sie aufgerufen, erklang fröhliche, mitreißende Musik.

»♫ Halt durch, halt durch, alles wird gut! Du schaffst das schon, definitiv!«

Auf Goros Bildschirm flackerte eine Bühne im Licht des Sonnenuntergangs. Hinter der Bühne lief ein Video, das eine Schule und eine Baseballmannschaft beim Training zeigte. Goro war verwirrt. Was war das für ein Konzert? Als er sich darüber wunderte, liefen sieben Mädchen in Cheerleader-ähnlichen Kostümen vom Bildschirmrand herein – *B-Komachi*, die Idol-Gruppe, die er und Salina unzählige Male auf DVD angesehen hatten. Ihre Gesichter würde er niemals verwechseln. An der Spitze der Gruppe stand Ai, das unerschütterliche Zentrum der Gruppe. Als sie die Mitte der Bühne erreicht hatte, hielt sie inne und lächelte mit voller Hingabe in die Kamera.

»♫ Ich möchte, dass du auf deine Weise strahlst, denn du bist mein Star!«

Die Kamera schwenkte zum Himmel hinauf. Zu einer E-Gitarrenmelodie erschien anschließend in der Bildschirmmitte: »Ein Wunsch für meinen Star«. Das schien der Titel des Liedes zu sein. Es handelte sich wohl um ein Konzertvideo von *B-Komachi*, das vermutlich von Fans gefertigt wurde, angesichts der etwas amateurhaften, aber mit viel Liebe zum Detail gedrehten und geschnittenen Filmmaterials.

»♫ Das Leben hat seine Höhen und Tiefen, ein einfaches Leben ist fast unmöglich.«

Der Hintergrund wechselte vom Schulgelände zu einem belebten Vorplatz eines städtischen Bahnhofs, wo Angestellte mit erschöpften Gesichtern in der Bahnstation verschwanden. Die Mitglieder von *B-Komachi*, verkleidet als Cheerleader, schienen sie mit breiten Lächeln und wedelnden Pompoms zu ermutigen.

»♫ Es gibt Nächte, in denen du weinen möchtest, doch nimm deine Kopfhörer und schau zu den Sternen.«

Ai streckte ihre Hand zur Kamera aus, was Goros Herz höherschlagen ließ. Es kam ihm so vor, als würde sie nur für ihn singen.

»♫ Du faszinierst mich immer wieder, wie du mit einem breiten Lächeln nach vorne schaust.«

Die Szene wechselte zu einem Gemeindezentrum, wo sich einige Senioren versammelt hatten. Ais Lächeln wirkte hier noch blendender.

»♫ In harten Zeiten feuere ich dich an, denn das bedeutet mein Glück.«

Die Hintergründe wechselten ständig: eine belebte Einkaufsstraße, ein Park voller Kinder. Vor diesen unterschiedlichen

Kulissen führte *B-Komachi* in Cheerleader-Outfits mit voller Energie eine Tanzperformance auf. Goro erkannte, dass das Konzept dieses Konzerts darin bestand, jeden anzufeuern – Schüler, Berufstätige, Jung und Alt. In Ais entschlossenem Blick schien sogar der Wille zu stecken, ganz Japan zu ermuntern.

»♫ Halt durch, halt durch, alles wird gut! Du schaffst das schon, definitiv!«

»♫ Ich möchte, dass du auf deine Weise strahlst, denn du bist mein Star!«

Als der Refrain erneut erklang und das Instrumental einsetzte, verließen die anderen Mitglieder den Bildschirm und Ai trat allein in den Fokus. Es folgte ihr Solo-Part, wo sie direkt in die Kamera sprach: »Danke, dass ihr euch unser neues Lied anhört! *B-Komachis* erstes Lied mit dem Konzept, der Jugend Mut zu machen – ›Ein Wunsch für meinen Star‹. Wie gefällt es euch? Die Inszenierung habe ich selbst übernommen!«

Goro war beeindruckt. Er hatte schon immer gewusst, dass Ai talentiert war, hätte jedoch nicht gedacht, dass sie solche Projekte plante. Vielleicht steckte ihre persönliche Botschaft in diesem Lied. Ihr Blick schien Goro direkt zu durchdringen.

»Für mich ist jeder Einzelne von euch mein Star. Meine Gruppenmitglieder, alle Fans von *B-Komachi* und auch diejenigen, die es noch werden. Deshalb möchte ich, dass jeder sein Leben voll und ganz genießt!«, erklärte Ai mit dem Mikrofon in der Hand und zeigte ein herzliches Lächeln – ihr magisches

Lächeln. »›Halt durch‹ ist leicht gesagt, aber ich sage es trotzdem. Wenn dieses Lied auch nur einem von euch Mut machen kann, dann macht mich das glücklich!«

In dem Moment, wo Ai dies verkündete, nahm das Instrumental wieder Fahrt auf. Die anderen Mitglieder kehrten zurück, formierten sich um Ai und begannen wieder zu singen.

»♫ Go, go, Menschheit! Go, go, Erde!«

»♫ Lasst diese Melodie die Welt erreichen, die Wünsche für meinen Star werden die Zukunft verändern!«

Ob Ais Aussage, dass jeder ihr Star sei, ehrlich gemeint war oder nur eine typische Floskel einer Idol-Gruppe, war Goro mittlerweile egal. Ihre aufmunternden Worte hatten ihn nämlich tief berührt.

»♫ Halt durch, halt durch, alles wird gut! Du schaffst das schon, definitiv!«

Es war der Refrain. Ais leidenschaftlicher Blick wirkte, als wäre sie tatsächlich gewillt, jedem einzelnen Zuschauer den Rücken zu stärken. Vielleicht hatte auch Salina in ihrem Kampf gegen die Krankheit Trost in diesem Lied gefunden.

»♫ Ich möchte, dass du auf deine Weise strahlst, denn du bist mein Star!«

So war das also, dachte Goro. Das wollte sie ihm vermitteln. Ai anzufeuern hatte Salina Lebenskraft gespendet – und genau das war der Beweis dafür, dass sie gelebt hatte.

»Genau. Jemanden anzufeuern macht auch einen selbst glücklich«, murmelte Goro. Es waren die Worte, die er einst Todo erklärt hatte. Bei der Erinnerung musste er unwillkürlich lächeln. »Das sollte eigentlich ein Scherz sein ... Aber für Salina war es wohl tatsächlich so.«

Goro hätte sich seine Sorgen sparen können. Salina hatte bereits durch Ais Lieder Glück im Leben gefunden. Und sie versuchte, auch Goro durch dieses Lied Mut zu machen – auf ihre ganz eigene Art.

»Typisch Salina ... Sie war durch und durch ein Fan.«

Ein warmes Lächeln breitete sich auf Goros Gesicht aus, während gleichzeitig eine Träne über seine Wange lief. Sie fiel auf den Bildschirm und ließ die tanzenden Mitglieder von *B-Komachi* verschwimmen. Obwohl er unglaublich traurig war, fühlte er sich unglaublich glücklich. Obwohl er am liebsten noch mehr Tränen vergossen hätte, wollte er laut lachen. Was Salina ihm hinterlassen hatte, traf Goro tief ins Herz.

»Ha ha ... Ich bin völlig durcheinander ... Wow. Echt unglaublich. Sowohl Ai als auch Salina.«

Warum nur? Wenn er Ais leidenschaftliche Performance betrachtete, kam es ihm so vor, als würde Salina dort mit ihr zusammen singen und tanzen. Hätte sie noch gelebt. Hätte sie ihren Traum verwirklicht. Dann wäre sie sicher wie Ai geworden. Zu jemandem, der allen anderen Menschen Kraft schenkt. Goro konnte sich lebhaft vorstellen, wie Salina auf einer ausverkauften Bühne stand und das Publikum anstrahlte.

»♫ Halt durch, halt durch, alles wird gut! Du schaffst das schon, definitiv!«

Alles wird gut. Ermutigt durch diese positive Phrase, fühlte sich Goro plötzlich dazu bewegt, an die Zukunft zu glauben. An eine Zukunft, in der Salina irgendwo wiedergeboren wird und dieses Mal ihren Traum verwirklichen kann. Dass ihm solche Gedanken durch den Kopf gingen, bewies, wie außergewöhnlich Ai doch war.

»Siehst du, Doktor? Ai ist unschlagbar, findest du nicht?«

Goro war plötzlich, als hätte er Salinas Stimme gehört. *Typisch für sie*, dachte Goro und wischte sich mit dem Handrücken die Tränen aus den Augen.

»Ich möchte, dass du auf deine Weise strahlst, denn du bist mein Star!«, summte Goro den Refrain zusammen mit Ai auf dem Bildschirm.

»Natürlich, Dr. Todo. Klar können Aripyan und Kyunpan großartig singen. Aber Ais Gesang hat ein Potenzial, das man nicht einfach mit ›gut‹ oder ›schlecht‹ beschreiben kann. Es ist mehr so, dass sie das Interesse von jedem, der sie auf der Bühne sieht, auf sich zieht. Solche Idols findet man selbst bei den Major-Labels nur ganz selten. Wenn ich ehrlich sein darf, sie hat definitiv das Zeug dazu, in null Komma nix ein Konzert im Tokyo Dome auszuverkaufen. Ja, sie ist geradezu ein Wunder ...«, schwärmte Goro, wurde jedoch von Todo unterbrochen.

»Halt. Ich habe nicht die geringste Ahnung, was du da redest.«

»Sie haben gesagt, Sie verstehen nicht, was an Idols so toll sein soll. Also erkläre ich es Ihnen gerade.«

»Nein, ich habe nicht wirklich um eine Erklärung gebeten ...«

»Ach, was. Sie werden bestimmt auch ein Fan. Da bin ich mir ganz sicher.«

In der medizinischen Abteilung, vor Todos Schreibtisch, schilderte Goro seinem älteren Kollegen enthusiastisch, wie großartig seine Stars doch waren, während Todo ihn sprachlos ansah.

Es waren drei Monate vergangen, seit Goro Salinas Brief erhalten hatte. Seit jenem Tag hatte sich sein Alltag verändert. Es gab zwei große Veränderungen: Erstens hatte er aufgehört, sich jeden Abend nach der Arbeit zu betrinken. Stattdessen hatte er, zweitens, begonnen, seine Stars anzufeuern. Er sammelte Informationen und Artikel über *B-Komachi*, bewunderte sie nach Herzenslust und verbreitete ihre Botschaft. Genau wie Salina es getan hatte, hatte Goro entschieden, sich völlig Ai und ihrer Welt zu widmen. Er wollte das Schicksal des Mädchens, von dem Salina geschwärmt hatte, an ihrer Stelle mitverfolgen. Denn das, glaubte er, würde auch ihm helfen, nach vorne zu blicken.

Trotz Todos skeptischer Blicke fuhr Goro fort: »Ich dachte auch bis vor Kurzem, es wäre seltsam, dass sich ein erwachsener Mann für Mädchen begeistert, die viel jünger sind als er. Aber ich habe erkannt, dass das ein Fehler war.«

»Ah ja?«

»Das Alter spielt keine Rolle. Das Anfeuern von Idols schenkt mir unbegrenzte Energie. Ich fühle mich wieder so jung wie ein Teenager! Ja, Idols haben einen verjüngenden Effekt.«

»Soso.«

Todo schaute skeptisch. Und er war nicht der Einzige. Die anderen Ärzte und die Krankenschwestern im Raum warfen Goro ebenfalls besorgte Blicke zu.

»Benimmt sich Dr. Amamiya in letzter Zeit nicht etwas komisch?«

»Er nimmt doch nicht etwa Drogen?«

»Irgendwie bin ich geschockt. Dabei dachte ich, er sei cool.«

Allerlei Gerüchte machten die Runde, aber Goro scherte sich nicht darum. Seine Begeisterung für seinen Star war alles, was zählte.

»Nun«, sagte er und rückte seine Brille zurecht. »Aus diesem Grund mache ich heute früher Feierabend.«

»Aus welchem Grund? Du hast deinen Bericht für heute noch nicht abgegeben.«

»Aber heute Abend ist das lang erwartete Konzert von *B-Komachi* in Miyazaki! Da kann ich doch nicht an einem Bericht sitzen«, erklärte Goro offen, was Todo sprachlos machte. Mit heruntergeklappter Kinnlade entfuhr ihm nur ein perplexes »Hä?«.

»Ich werde den Bericht morgen abliefern. Also dann, Dr. Todo, auf Wiedersehen.«

Ohne auf eine Antwort zu warten, verließ Goro triumphierend das Zimmer. Als er im Flur aus dem Fenster sah, erkannte er, wie sich der Abendhimmel leuchtend rot gefärbt hatte. Es war kurz nach siebzehn Uhr. Wenn er jetzt losfuhr, könnte er es gerade noch rechtzeitig zum Konzertbeginn schaffen.

In seinem Kopf klang sein neues Lieblingslied »Ein Wunsch für meinen Star«. Würde Ai dieses mitreißende Lied auch heute Abend beim Konzert aufführen?

»Wenn sie einen angefeuert hat, durchzuhalten, dann will man das natürlich auch tun.«

Gedankenverloren blickte Goro aus dem Fenster Richtung Osten. Dort funkelte der hellste Stern in einem glänzenden Aquamarinblau.

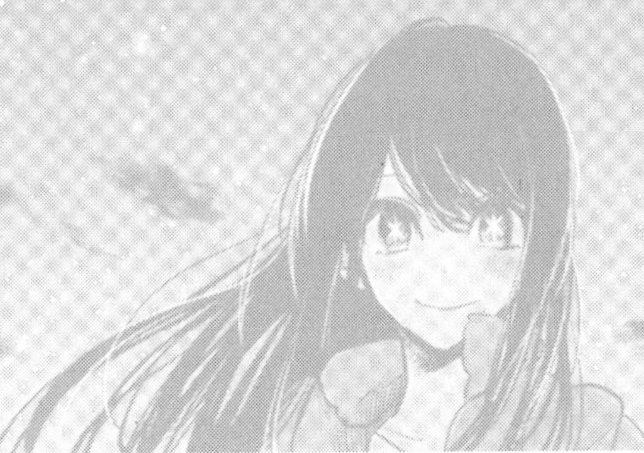
Sie strahlt wie
der hellste Stern.

Epilog

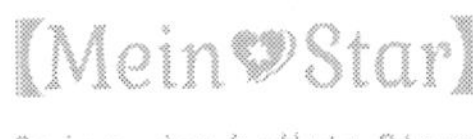
Mein Star
Spica, der hellste Stern

»Ah, der hellste Stern.«

Der hellste Stern funkelte am östlichen Horizont, der sich in ein malerisches Abendrot färbte. Ai war glücklich, ihn entdeckt zu haben. Sie blickte zu ihm hinauf und stieß einen Seufzer der Bewunderung aus.

»Ich habe schon lange nicht mehr zu den Sternen geblickt.«

Sie lehnte sich an die Wand der Konzerthalle, ihren Blick gen Himmel gerichtet. Noch eine Stunde blieb ihr bis zum Konzertbeginn. Ihre Zeit dafür zu nutzen, in aller Ruhe die Sterne zu beobachten, war eine schöne Abwechslung in ihrem sonst so stressigen Alltag.

Sie stand auf dem Parkplatz einer bekannten Konzerthalle in Miyazaki, umgeben von einer idyllischen Landschaft aus Reisfeldern, Wäldern und einem breiten Fluss. Hier, fernab der städtischen Beleuchtung, präsentierte sich der Nachthimmel besonders klar und beeindruckend. Ai hatte fast das Gefühl, sie könnte einfach die Hand ausstrecken und die Sterne berühren.

»Typisch Miyazaki. In Tokio könnte man sie nicht so gut sehen.«

B-Komachi war derzeit auf ihrer ersten landesweiten Tournee. Auftritte waren in zehn Städten geplant, wobei sie im Süden starten und allmählich nach Norden fahren wollten. Miyazaki war die erste Station. Während die Konzerte in Tokio meistens Stammgäste anzogen, würde die Mehrheit der Zuschauer auf dieser Tournee die Gruppe zum ersten Mal live erleben. Damit das Konzert zu einem noch schöneren Erlebnis für sie würde, gab es bei den Konzerten für Inhaber von Premium-Karten die Möglichkeit, in privaten Kabinen einige Minuten persönlich mit den Mitgliedern plaudern.

Es war eine Tournee voller neuer Erfahrungen, auch für die Mädchen selbst. Darum war es nicht verwunderlich, dass einige Mitglieder blass vor Nervosität waren. »Echt aufregend, was?«, hatte Ai vorhin mit ihrer gewohnt lockeren Art zu ihnen gesagt, um die Anspannung zu mildern. »Findest du auch, Ai?«, hatten die Mädchen daraufhin mit erleichterten Gesichtern nachgefragt. Ai hatte keine Zweifel daran, dass sie ein Lächeln auf die Lippen bekämen, wenn das Konzert begann.

Eigentlich war sie selbst kein bisschen nervös. Vielmehr freute sie sich auf die Reise und die Gelegenheit, verschiedene lokale Spezialitäten zu probieren. Der Anblick des sternklaren Nachthimmels, den man in Tokio so nicht bewundern konnte, gehörte definitiv zu den Freuden dieser Tournee.

Im sanften Licht des hellsten Sterns, bedauerte es Ai, dass sie kein Teleskop dabeihatte. Sie fragte sich, was der Stern wohl in der schwindenden Dämmerung empfand. Fühlte er sich einsam, alleine im unermesslichen All zu stehen und zu leuchten?

Ihre Gedanken wurden durch eine Stimme unterbrochen.

»Da bist du ja! Ich habe dich überall gesucht, weil du nicht in der Garderobe warst«, sagte ein Mann mittleren Alters mit Sonnenbrille und offenem Hemd, während er an sie herantrat. Er wirkte dubios, doch er war der Chef von Ichigo Production – Herr Saiki, wenn Ai sich recht erinnerte. Da war sie sich allerdings immer noch nicht sicher.

»Was machst du denn hier draußen auf dem Parkplatz?«

»Ich wollte den Abendhimmel betrachten, weil er so schön ist.«

»Wirklich? Du hattest doch nicht etwa Zoff mit den anderen?«, fragte der Chef besorgt. Er machte sich wohl Sorgen wegen der Ereignisse im letzten Sommer. Trotz seiner flippigen Kleidung war er ein ernsthafter, aufmerksamer Mensch.

»Keine Sorge. Ich komme mittlerweile gut mit ihnen aus«, lächelte Ai, um ihn zu beruhigen. Sie hatte sich vorgenommen, ganz Japan anzufeuern. Das schloss nicht nur ihre Fans ein, sondern auch ihre Kolleginnen. Um nicht nur allein im Rampenlicht zu stehen, überließ sie den anderen bewusst die beste Position vor der Kamera, gab ihnen während Interviews gezielt das Wort und verhielt sich auch bei Videoübertragungen und bei Proben so. Wahrscheinlich war ihre Herangehensweise die richtige. Die Mädchen beschwerten sich zumindest nicht mehr direkt bei Ai. Von außen betrachtet gehörte *B-Komachi* nun zu den Idolgruppen, die als »gut befreundet« galten.

»Ich weiß, du gibst dir Mühe. Dank dir ist *B-Komachi* sogar so weit gekommen, eine Tournee zu veranstalten.«

»Genau, du solltest mir dankbar sein.«

Auf ihre scherzhafte Bemerkung hin lachte der Chef kurz auf und meinte: »Klar bin ich dir dankbar. Aber je erfolgreicher eure Gruppe wird, desto wichtiger wird der Center. Es könnte sein, dass die Mädels in Zukunft noch neidischer werden.«

Der Chef hatte wahrscheinlich recht. Schon jetzt spürte Ai, dass die anderen Mitglieder insgeheim unzufrieden mit ihrer Position waren. Doch sie dachte bewusst nicht darüber nach. Stattdessen tat sie so, als würde sie nichts bemerken, um mit ihnen zumindest oberflächlich gut auszukommen. In diesem einen Jahr war Ai viel besser darin geworden, die Maske eines »normalen« Mädchens zu tragen.

»Wird schon gut gehen. Ich bin nämlich super gut im Lügen.«

Der Chef zog eine nachdenkliche Miene.

»Na, wenn du meinst.«

»Übrigens«, sagte Ai und zeigte zu den Sternen hinauf. »Warum schaust du dir nicht den Nachthimmel an? Er ist wunderschön.«

»Hmm.«

»Anstatt immer nur jungen Frauen nachzulaufen, solltest du auch mal die Natur genießen.«

»Hey, erzähl nicht so einen Mist! Von wegen ich würde ständig jungen Frauen nachlaufen!«

Ai musterte ihn mit einem skeptischen Blick. Der Chef hatte schon immer eine Schwäche für junge, attraktive Frauen. Zum Beispiel Miyako, die für die Agentur arbeitete. Sie war genau sein Typ. Ai konnte sich gut vorstellen, dass die beiden eines Tages heiraten würden. Sie verstand noch nicht wirklich etwas von Gefühlen wie Liebe. Doch sie vermutete, dass es schön sein musste, mit jemandem zusammen zu sein, den man liebte.

Nun blickte sie wieder zum Himmel hinauf und suchte nach jenem Stern.

»Schau mal, Chef. Der Stern ist wunderschön.«

»Welcher?«, fragte er und blickte zum Nachthimmel hinauf. Dort entdeckte er den Stern, der am östlichen Horizont stand, und nickte sachkundig. »Das ist Spica, im Sternbild Jungfrau.«

»Spica?«

»Hierzulande wird er auch Perlenstern genannt. Wie der Name schon sagt, leuchtet der Stern wie ein Juwel. Das bläuliche Licht erinnert an Aquamarin. Er ist der hellste Stern im Sternbild Jungfrau.«

Der hellste Stern. Also ist er der König der Sterne, dachte Ai. Spica, der in der Dämmerung einsam wie ein Juwel funkelte, strahlte eine gewisse Erhabenheit aus.

»Wow, du kennst dich aber gut aus.«

»Na ja, ich habe mich früher ein bisschen mit Astronomie beschäftigt.«

»Ach ja? Wolltest du damit Mädels beeindrucken?«

Als Ai das fragte, wandte der Chef seinen Blick schnell von ihr ab – ein eindeutiges Zeichen dafür, dass sie ins Schwarze getroffen hatte.

»Jedenfalls«, räusperte sich der Chef, »Spica ist eigentlich ein Doppelstern.«

»Ein Doppelstern?«

»Mit bloßem Auge sieht man nur einen Stern, aber ganz in der Nähe gibt es noch einen anderen, der auf der gleichen Umlaufbahn kreist. Sie sind quasi Zwillinge, die ganz nah beieinander sind und gemeinsam leuchten.«

»Ach, wirklich?«

Der Stern war nicht alleine. Das beruhigte Ai. Egal wie weit und dunkel das Weltall auch sein mochte, mit einem Zwilling an der Seite mussten sie sich niemals einsam fühlen. Sie konnten sich gegenseitig stützen und gemeinsam leuchten.

»Zwillinge, die zusammen am Nachthimmel leuchten ... Das klingt schön.«

»Meinst du?«, fragte der Chef und neigte den Kopf.

»Ich habe immer von Zwillingen geträumt. Du weißt ja, ich habe weder Eltern noch Geschwister. Mit Zwillingen wäre es sicher fröhlich und schön.«

»Hey, wir reden hier über Sterne, nicht über Menschen«, merkte der Chef an, aber Ai ignorierte ihn und sprach weiter.

»Genau! Wenn ich Kinder bekomme, dann sollen es Zwillinge sein. Das wäre toll.«

»Halt, halt, halt! Was redest du da? Du bist ein Idol. Für Babypläne ist es noch zehn ... Nein, zwanzig Jahre zu früh!«

Der Chef versuchte aufgeregt, sie von ihren Gedanken abzubringen, doch Ai kümmerte sich nicht darum. Das Glück als Idol und das Glück als Mutter – ihr stand das Recht zu, beides gleichzeitig anzustreben.

»Hier ist die Luft frisch und die Natur wunderschön ... Wenn ich schwanger werde, möchte ich meine Kinder an einem Ort wie diesem zur Welt bringen.«

»Hörst du mir überhaupt zu?! Von wegen Kinder! Verschon mich bitte damit!«

»Hi hi, mal sehen.«

Ai lächelte und richtete ihren Blick wieder zum Nachthimmel. Sie sah zu Spica empor und faltete die Hände. Vielleicht, dachte sie, würde ein Gott ihr diesen Wunsch in Erfüllung gehen lassen.

»Ich wünsche mir, ich werde eines Tages eine wunderbare Familie bekommen.«

【Mein♥Star】

Bonuskapitel »Perspektive B«

Geschenk beim Besuch der
Kinovorpremiere der ersten
Animefolge »Mother and Children«

Text von Aka Akasaka

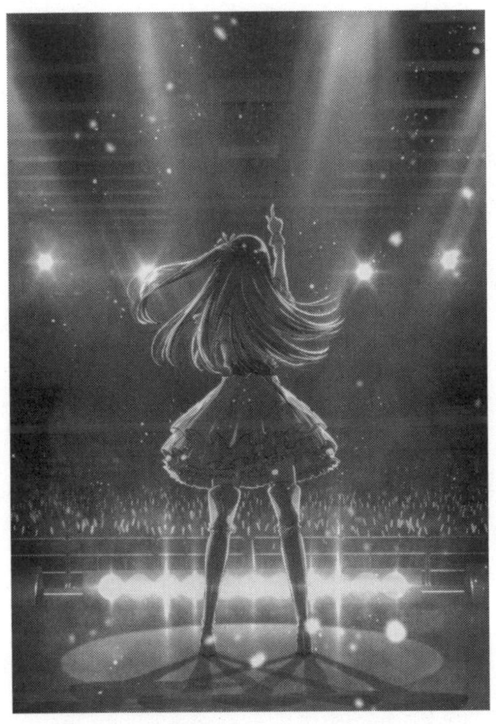

【Mein♥Star】

Spica, der hellste Stern

Ai starb zu einer schneereichen Zeit wie dieser – zumindest war das die Erinnerung, die in meinem Kopf haften geblieben ist.

Dachte ich jedoch genauer zurück, erinnerte ich mich daran, dass keiner von den Zuschauern, die zahlreich zum Konzert erschienen waren, einen Regenschirm getragen hatte. Kurz vor ihrer Beerdigung hatte ein starker Schneefall eingesetzt, der das Verkehrsnetz stark beeinträchtigte. Auch ich hatte meine Mühen gehabt, als ich ausging, um Trauerkleidung zu kaufen.

In Wahrheit hatte es an jenem Tag, als Ai gestorben ist, wahrscheinlich gar nicht geschneit. Menschen neigen jedoch dazu, sich abstrakt an ihre Erlebnisse zu erinnern. So vermischen sich unsere Gedankenbilder mit unseren Erinnerungen und unser Gehirn lässt uns glauben, dass sie der Realität entsprechen.

Viele Jahre sind seither vergangen, weshalb mir die Ereignisse jenes Tages nur noch als vage Bilder im Gedächtnis sind. Dennoch war Ais Tod vor fünfzehn Jahren für mich ein genauso einschneidendes Erlebnis wie der erste Schneefall für die Welt.

Als ich den Mantel einer Designermarke überzog, musste ich über mein eigenes Spiegelbild lachen. Ich hatte vor, mir etwas vom Convenience-Store zum Abendessen zu holen. Seit gestern hatte jedoch ein plötzlicher Kälteeinbruch eingesetzt. Was ich gedankenlos aus dem Kleiderschrank zog, war ein teurer Mantel, den ich vor zehn Jahren erworben hatte. Der senffarbene Stoff fühlte sich auf meiner Haut mittlerweile fremd an. Darunter trug ich einen fusseligen Pullover in Grau und hellblaue Socken. Die Kombination aus meiner warmen, rein funktionalen Hauskleidung und dem luxuriösen Mantel war noch absurder als erwartet.

Ich warf den Mantel auf einen Stuhl im Wohnzimmer und schlüpfte in die viel zu großen Sportsandalen, die einst einem Mann gehört hatten, mit dem ich zusammengelebt hatte.

»Ach, wird schon nicht so schlimm sein«, redete ich mir dabei zu.

Der Weg zum Convenience-Store dauerte zu Fuß nur drei Minuten. Da hatte ich nicht die Absicht, mich extra schick zu machen. Ich griff nach der Maske, die auf dem Regal vor der Haustür lag, und legte sie an, um mein Gesicht zu verbergen. Gewissenhaft verschloss sowohl das untere als auch das obere Türschloss – das war meine Gewohnheit. Immer wenn ich von außen auf meine Wohnungstür schaute, überkam mich ein mulmiges Gefühl. Vorsicht ist besser als Nachsicht, so lautete mein Motto.

Als ich das Apartment durch die automatische Eingangstür verließ, traf mich ein starker Seitenwind. Ich biss unwillkürlich die Zähne zusammen. Trotz meines ohnehin schon kleinen Körpers machte ich mich im kalten Dezemberwind noch kleiner und ging schnellen Schrittes zum Convenience-Store.

An der Ampel musste ich neben einem jungen Mann warten, der aussah, als wäre er Student. Ich bemühte mich, nicht in seine Richtung zu schauen, und zögerte, als die Ampel auf Grün sprang. Die Vorstellung, dass ich die Blicke dieses Mannes ständig im Rücken spüren würde, bis ich mein Ziel erreichte, bereitete mir Unbehagen. Der fleecegefütterte Trainingsanzug spendete mir zwar Wärme, aber der Winterwind stach mir unangenehm in den Nacken. Ich wusste jedoch, dass der Blick eines Fremden oft tiefer und schärfer stechen kann als der kälteste Wind.

So entschied ich mich, hinter ihm herzugehen, in einem langsameren Tempo als üblich. Der sonst so kurze Weg zum Convenience-Store kam mir endlos vor. Ich fühlte mich schrecklich.

»Hätte ich doch meinen Mantel angezogen«, murmelte ich.

Hätte ich mich anständiger gekleidet, hätte ich mich vielleicht nicht wie eine Verbrecherin gefühlt. Ich begann, meine Entscheidung zu bereuen. Doch wenn ich nächsten Monat erneut in dieser Situation wäre, würde ich vermutlich erneut in diesem grauen Trainingsanzug zum Convenience-Store gehen. Daran hatte ich keinen Zweifel. Meine Denkweisen waren festgefahren und würden sich nicht so schnell ändern. Mit siebenunddreißig Jahren verspürte ich nicht das geringste Bedürfnis nach Veränderung. Die Umstände waren heute völlig anders als damals, als ich ein Idol war.

Vor siebzehn Jahren war ich Mitglied der Idolgruppe *B-Komachi* und durchaus erfolgreich. Ich lebte meine Jugend in vollen Zügen, umgeben von Jubel und Neid. Damals achtete ich sehr auf mein Äußeres. Modebewusstsein war ein wesentlicher Teil meiner Identität und ich belächelte diejenigen, die sich nicht um ihre Kleidung kümmerten. Ein gutes Aussehen stand für mich an oberster Stelle. Lookismus dominiert im Showbusiness. Frauen werden nach ihrem Aussehen beurteilt, die Schönen bekommen die Jobs. Diese Praktiken werden allgemein akzeptiert, weshalb einem jeder dazu rät, noch hübscher, noch schöner zu werden. Verlässt man jedoch die Unterhaltungsindustrie, erkennt man, wie absurd diese Einstellung ist. Eine Kultur, die Frauen nach ihrem Aussehen bewertet, ist zweifellos problematisch. In einem normalen Arbeitsumfeld würde dies sicherlich zu erheblichen Kontroversen führen.

Und dennoch herrscht dieser Lookismus, weil Promis als Produkte betrachtet werden. Das Aussehen ist eine Eigenschaft, das Bildungsniveau ein Bedarf, die Frisur eine Variante und die Mode das Packaging. Schönheit gilt als Mindestanforderung an den Hersteller. Es versteht sich von selbst, dass eine zerrissene Chipstüte reklamiert wird.

Wann genau hatte ich begonnen, jene Welt so zu verabscheuen?

Ich hatte Idols geliebt, sie bewundert und danach gestrebt, selbst eines zu werden. Bei meinem ersten Vorsingen verspürte ich ein brodelndes Gefühl in mir wie Magma. Doch mit der Zeit kühlte dieses Feuer ab. Es fühlte sich an, als würde ein großer Stein in meiner Brust rollen. Im Winter, als ich vierundzwanzig war, verließ ich die Gruppe. Ich wollte etwas anderes ausprobieren als eine Karriere als Idol, irgendetwas, das mich begeistern könnte. Für eine Weile versuchte ich mich als Model, denn das Einzige, was mich von anderen abhob, war ein Gesicht, das etwas hübscher war als der Durchschnitt. Ich verzichtete aufs Schauspiel, obwohl mir das Büro empfahl, Schauspielunterricht zu nehmen. Ich ging ein paarmal hin, doch aufgrund meiner anderen Verpflichtungen brach ich bald ab.

Kurz nach meinem Ausstieg bekam ich als »ehemaliges Mitglied von *B-Komachi*« noch einige Aufträge. Doch da ich aus der Gruppe nie besonders hervorgestochen hatte, fehlten mir letztlich die Mittel, um mich gegen andere Prominente zu behaupten. Immer weniger Aufträge gingen ein und ich geriet in einen finanziellen Engpass. Als sich *B-Komachi* auflöste, wurde es noch schwieriger, Arbeit zu finden.

Die Vertragsverlängerung mit der Agentur rückte näher und die Chefin Miyako fragte mich, was ich tun wolle. Ich hatte keine Antwort. Was konnte ich schon tun? Singen und tanzen, jung und hübsch sein, das war alles, was ich zu bieten hatte. Mir war bewusst, dass ich nicht mehr als jung galt. Stylisten rieten mir nicht mehr zu pinkfarbenen Outfits, stattdessen öfter zu beigen und dunkelblauen. Ich wollte jedoch auch nicht zurück in mein Elternhaus, weshalb ich mich dazu gedrängt fühlte, in die Arbeitswelt einzusteigen. Als ich Miyako das sagte, antwortete sie nur: »Okay«. Sie wirkte traurig, glaube ich, aber ich erinnere mich nicht genau. Ich hoffe jedoch, dass es so war.

Nachdem ich die Agentur verlassen hatte, dauerte es eine Weile, bis ich schließlich eine Anstellung im Vertrieb eines Online-Dienstleistungsunternehmens bekam. Es war nicht einfach, nach dem Ausstieg aus dem Showbusiness eine Stelle zu finden. Von allen Unternehmen, die mich interessierten, wie Kosmetikmarken und Modefirmen, erhielt ich eine Absage. Manchmal erreichte ich die zweite Runde der Vorstellungsgespräche, aber die Fragen schienen oft mehr das persönliche Interesse des Interviewers widerzuspiegeln als meine berufliche Eignung. Außerhalb der Unterhaltungsindustrie war die Einstellung gegenüber Prominenten oft unangenehm. Der Lebenslauf als »ehemaliges Idol« erregte zwar Aufmerksamkeit, brachte aber auch Vorurteile mit sich. Einige Interviewer hatten offenbar eine Abneigung gegen Prominente aller Art und machten abfällige Bemerkungen. »Für ein Idol bist du ja nicht besonders hübsch« und andere böse Worte warf man mir damals an den Kopf.

Letztendlich wurde ich wahrscheinlich wegen meiner Vergangenheit in den Vertrieb gesteckt. Die Personalabteilung schien zu denken, dass es nur von Vorteil sein könne, befände sich ein ehemaliger Fan unter den Geschäftspartnern. Tatsächlich landeten viele meiner gleichaltrigen Freunde, die Idols gewesen waren und das Showbusiness verlassen hatten, ebenfalls in Vertriebspositionen. So sieht die Realität nun einmal aus. Der Erfolg als Idol bedeutet nicht unbedingt einen Vorteil für das spätere Leben. Rückblickend wäre es für mich wahrscheinlich besser gewesen, eine anerkannte Universität zu besuchen, um finanzielle Sicherheit zu haben. Das Geld, das ich während meiner Glanzzeit als Idol gespart hatte, hätte in die Hunderttausende gehen sollen, war aber vier Jahre nach meinem Einstieg in die Berufswelt fast vollständig aufgebraucht. Früher hatte ich mit Mietzuschuss im vierzehnten Stock eines Hochhauses gewohnt, doch nun wohnte ich in einer kleinen Einzimmerwohnung am Stadtrand, für die ich neunzigtausend Yen Miete zahlte. Ich fragte mich nicht, wie es dazu hatte kommen können. Es war unvermeidlich gewesen. Zu spät hatte ich erkannt, dass Geld vergeht. Und dass man nicht sein Leben lang jung bleibt.

Jenen Mantel hatte ich in meiner Zeit als Idol gekauft. Ein Symbol für Schönheit und Jugend. Eigentlich sollte ich ihn verkaufen oder wegwerfen, weil ich ihn nicht mehr trug. War es Wehmut, die mich davon abhielt?

Manchmal beneidete ich Ai. In meinen Erinnerungen würde sie immer jung und schön bleiben. Es gab keine Frau auf der Welt, die schöner war als sie. Vielleicht täuschte mich bloß mein Gedächtnis, aber ich wünschte mir, dass es wirklich so war. In meinen jüngeren Tagen dachte ich, es wäre besser, jung zu sterben, als zu altern. Aber hier war ich nun, immer noch zäh am Leben.

Ach ja, ich habe mal ein Lied darüber gesungen, fiel mir ein und ich erinnerte mich zurück an meine Zeit als Idol.

***

An jenem Tag war ich verärgert. Nicht nur wegen des geschmacklosen Ankündigungsbildes für meine Geburtstagsfeier oder weil die Mitglieder die Choreografie nur halbherzig gelernt hatten. Nein, was mich am meisten aufregte, war, dass mein Freund mich sitzen gelassen hatte. Genauer gesagt hatte mich seine Art verärgert, Schluss zu machen.

»Du bist mir zu anstrengend«, hatte er in einem Ton gemeint, der deutlich machte, dass er mich wirklich leid war.

Im Backstagebereich vor dem Konzert gibt es nicht viel zu tun, während man auf das Make-up wartet. Man spielt mit dem Smartphone herum oder plaudert.

»Ihr wart nur zwei Monate zusammen, oder? Er hat keinen Mumm. Ist doch gut, dass ihr euch getrennt habt.«

Ich schob die persönlichen Schminksachen der anderen Mitglieder mit dem Ellenbogen beiseite.

»Das stimmt schon, aber Schluss machen sollte man auf schönere Art und Weise. Man möchte sich doch wenigstens würdevoll trennen. Er ist echt das Letzte! Wenn ich nach Hause komme, werde ich all seine Sachen wegwerfen!«, beschwerte ich mich bei Kanan, einem neuen Mitglied, und stopfte meine Sachen in den Koffer. Sie hörte mir zu, während sie gedankenverloren ihre Haare um den Finger wickelte. Ihre langen, schwarzen Haare sahen immer gepflegt aus, selbst nach energischen Tanzperformances. Natürlich trug Haarspray dazu bei, dass sie immer glänzend und ordentlich aussahen, weshalb sie sich in Wahrheit hart anfühlten, wenn man sie berührte.

Kanon versuchte nun, ihren gefixten Pony aufzulockern, und fragte nebenbei: »Hast du etwas getan, das er als anstrengend empfinden könnte?«

Ich fühlte mich ertappt, versuchte jedoch instinktiv, mich in ein besseres Licht zu rücken.

»Er wollte sich nach einem Konzert in Yokohama mit mir treffen. Er hatte sogar einen Tisch in Chinatown reserviert. Als ich ihm gesagt habe, dass das nicht infrage kommt, ist er ausgerastet.«

»Ah«, nickte Kanon verständnisvoll und sah zur Decke hinauf.

»Nach einem Konzert sind doch Massen von Fans in der Gegend unterwegs! Nicht einmal das kann er sich vorstellen.«

Kanon konnte meine Entrüstung offensichtlich nachvollziehen. Ihr Blick wanderte von der Decke zu ihren Fingernägeln.

»Das ist wohl für normale Leute schwer zu begreifen«, kommentierte sie.

Die Bezeichnung »normale Leute« störe mich ein wenig. Auf ihren Lippen zeichnete sich ein selbstbewusstes Lächeln ab, als wollte sie andeuten, dass sie selbst nicht normal, sondern etwas Besonderes sei.

Die Idolgruppe *B-Komachi* erlebte häufige Wechsel in ihrer Besetzung. Kanon war das elfte Mitglied in der noch jungen Geschichte der Gruppe. Seit der Gründung vor vier Jahren hatten fünf Mitglieder die Gruppe verlassen und sieben waren hinzugekommen. Kanon hatte zuvor ein Jahr in einer anderen Idolgruppe verbracht, bevor diese sich auflöste und sie zu uns stieß. Ihre Erfahrungen in der Welt der Idols machten sie zu einer wertvollen Gesprächspartnerin, mit der ich mich auch über Liebesdinge unterhalten konnte.

Die Mitglieder von *B-Komachi* kamen nicht besonders gut miteinander aus. Und dafür gab es einen klaren Grund.

»Guten Morgen! ☆«, rief ein Mädchen mit langen schlanken Armen und Beinen, langem schwarzem Haar und selbstbewusstem Blick vom Flur aus in die Garderobe hinein. Obwohl sie erst fünfzehn war, wirkte sie erstaunlich reif, strahlte aber dennoch eine frische Jugendlichkeit aus. Das war Ai, das unerschütterliche Zentrum von *B-Komachi*.

Kanon verstummte mitten im Satz. Denn Ai war der Grund für den Zwist innerhalb der Gruppe. Von der Geschäftsführung offensichtlich bevorzugt, war sie praktisch das Gesicht der Gruppe geworden. Die Gründungsmitglieder ärgerten sich darüber, weil Ai erst später dazugekommen war. Die neuen Mitglieder verloren den Mut, weil sie wahrscheinlich keine Chance gegen sie hatten. Natürlich waren wir uns alle einig, dass wir harmonisch zusammenarbeiten mussten, weil wir ja Kolleginnen waren. Es wurde nicht gemobbt oder hinterhältig übereinander geredet. Ai war jedoch jedem ein Dorn im Auge. Obwohl einige Mitglieder sich gut verstanden und wir uns nach außen hin einträchtig zeigten, ließ der Zusammenhalt der Gruppe zu wünschen übrig. Die Atmosphäre war merkwürdig angespannt. Ai war womöglich auch ein Grund für die hohe Fluktuation in der Gruppe.

Ich persönlich hatte nichts gegen sie. Mögen konnte ich sie dennoch nicht richtig, weil sie offensichtlich nicht vorhatte, sich mit anderen Mitgliedern anzufreunden. Ai war freundlich und umgänglich, was die Kommunikation mit ihr stressfrei machte. Doch ihre Worte wirken oft wie auswendig gelernte Floskeln, die wenig über ihre wahren Gefühle verrieten. Man spürte eine Mauer. Aufgrund ihrer Distanz konnten weder Sympathie noch Antipathie in mir aufkeimen. Es gab Momente, in denen ich Ais Bevorzugung durch das Management als unfair empfand, aber so liefen die Dinge nun mal. Ihre Attraktivität und Beliebtheit waren unbestreitbar. Ich war auch dankbar dafür, dass Ai als Aushängeschild der Gruppe aktiv war. Obwohl wir als kleine, unbekannte Idolgruppe gestartet waren, erreichten wir dank Ai ein Debüt bei einem großen Label. Unsere Tätigkeiten hatten sich seit unseren Anfängen im Untergrund kaum verändert, aber es war nicht zu leugnen, dass wir durch Ai deutlich mehr Aufmerksamkeit erhielten. Wir landeten sogar auf Platz eins bei einer Online-Umfrage, welche Idolgruppe als Nächstes erfolgreich werden würde. Klang das nicht nach einem vielversprechenden Neuanfang?

Während ich in solchen Gedanken versunken war, herrschte in der Umkleidekabine wieder Hochbetrieb.

»Auf einen Freund kann ich fürs Erste verzichten«, murmelte ich mehr zu mir selbst. Kanan nickte verständnisvoll.

»Das klingt vernünftig. Wenn dich die Paparazzi erwischen, wäre das ja ein Desaster.«

»Paparazzi? Ach was. Die interessieren sich nicht für uns, es sei denn, wir sind mit einem Star zusammen. Sonst verkaufen sich Berichte über kleine Fische wie uns doch nicht.«

Im Showbusiness wurde man oft auf diese Weise gewarnt, aber meistens von Leuten, die eine sehr begrenzte Perspektive hatten. *B-Komachi* stand viel mehr am Rande dieser Welt, als die meisten Fans es sich vorstellen konnten.

»Okay, um Paparazzi müssen wir uns vielleicht keine Sorgen machen ... Aber man weiß nie. Als Idol sollte man besser vorsichtig sein, mit wem man zu tun hat«, fügte Kanan hinzu. Ich wusste, dass sie eine Beziehung mit einem ziemlich bekannten Schauspieler gehabt hatte, als sie noch in ihrer früheren Gruppe war. Heute redete sie jedoch abfällig über ihn und bezeichnete ihn als einen widerlichen Mistkerl mit Lolita-Komplex. Sie bereute wohl ihre Vergangenheit. In dieser Branche gibt es viele Erwachsene, die die Naivität junger Mädchen ausnutzen. Nicht wenige Männer wollen sich einen Vorteil aus dieser Situation verschaffen, um mit ihnen eine Beziehung einzugehen. Also ist es wichtig, dass man einander schützt. Wird ein junges Mädchen jedoch wie eine Erwachsene behandelt und bekommt teuren, schicken Champagner angeboten, kann sie sich leicht für erwachsen halten und Fehler begehen.

Mein Ex-Freund war ein einundzwanzigjähriger Musiker und ich achtzehn. Das war zwar im Rahmen des Erlaubten, aber es fühlte sich trotzdem immer ein bisschen grenzwertig an.

»Ich wünschte, ich könnte eine normale Beziehung führen.«

»Du sagst es.«

Auch als Idol sehnt man sich nach einer Beziehung. Doch die Arbeit mit Erwachsenen lässt Gleichaltrige oft kindisch erscheinen und die strenge Kontrolle durch die Agentur isoliert einen größtenteils vom anderen Geschlecht. Mit dem Manager kann man natürlich nicht über Liebesdinge sprechen. Die Chancen, einen potenziellen Partner kennenzulernen, sind wirklich gering. Deshalb neigt man dazu, über die Stränge zu schlagen, wenn man durch Freunde jemanden vorgestellt bekommt oder zu dubiosen Partys eingeladen wird. Je strenger die Agentur, desto stärker die Reaktion. Angemerkt sei, dass Männer, die man auf solchen Partys kennenlernt, meistens nichts für ernsthafte Beziehungen sind. Solche Techtelmechtel enden selten gut. Vielleicht ist es besser, den Geschmack von teurem Champagner erst gar nicht kennenzulernen.

Die Bühne leuchtete auf unter den Scheinwerfern und das Gemurmel des Publikums verwandelte sich in lauten Jubel. Nacheinander sprangen die Mitglieder auf die Bühne, begleitet von den Beifallsrufen der Fans. Die Spannung erreichte ihren Höhepunkt, als Ai in die Mitte der Gruppe trat – der gewohnte Auftakt. Selbst unter den vielfältigen Lichtstäben stach Ais Mitgliederfarbe Rot hervor und tauchte das Publikum in ein blendendes Licht. Die Jubelrufe und die Farben der Lichtstäbe spiegelten die harte Realität der Idols wider, doch das erschütterte mich nicht mehr wie früher. In der Welt der Idols wurde es akzeptiert, dass die Beliebtheit klar zum Ausdruck kam. Die Fans über Ais Rücken hinweg zu sehen, war ein wenig beängstigend. Ich konnte mich nicht bedenkenlos über den großen Jubel freuen. Als ich unter den vielen Lichtstäben meine Mitgliederfarbe Gelb entdeckte, atmete ich erleichtert ein.

B-Komachi bestand derzeit aus sechs Mitgliedern. Auch wenn Ai die meisten Soloparts hatte, war es immer noch besser als in einer größeren Gruppe, in der die Mikrofone der weniger beliebten Mitglieder abgeschaltet werden. Technisch gesehen können die meisten Veranstaltungsorte aufgrund ihrer Ausstattung maximal sechzehn Mikrofone unterstützen, manchmal nur acht. Da die Mikrofonmixer oft acht Kanäle haben, ist die Zahl verwendbarer Mikrofone oft ein Vielfaches von acht.

Die Lieder von *B-Komachi* handelten häufig von Liebe. Wir sangen für die Fans ständig Phrasen wie »Ich liebe dich«. Diese Art von Liedern, die darauf abzielten, dass Fans sich aus tiefstem Herzen in uns verliebten, bereiteten mir ein wenig Schuldgefühle. Es lag mir nicht, Fans um den Finger zu wickeln. Stattdessen bevorzugte ich eine herzliche, freundschaftliche Beziehung zu ihnen. Es war moralisch fragwürdig, Fans mit romantischen Gefühlen zu ködern, besonders wenn man selbst in einer Beziehung war. Deshalb hatte ich bei Liebesliedern gemischte Gefühle. Besonders dann, wenn ich selbst eine Trennung verarbeite, wie in diesem Moment. Am Höhepunkt des Liedes rief ich ins Publikum, zielte auf die gelben Lichtstäbe: »Ich liebe dich!«

Mein Herz schmerzte ein wenig dabei.

Nach dem Konzert verließen wir die Halle durch den Hintereingang und ich wurde am Bahnhof der Nachbarstadt abgesetzt. Von dort waren es dreißig Minuten mit dem Zug nach Hause. Auch Idols fahren mit öffentlichen Verkehrsmitteln. Obwohl das manchmal, wie an Tagen wie diesen, sehr lästig sein konnte.

Der Gedanke an meinen Ex, mit dem ich gerade Schluss gemacht hatte, weckte in mir das Bedürfnis, meine Betrübtheit zu vertreiben, indem ich an der frischen Luft in Ruhe nachdachte.

Also setzte ich mich auf eine Bank im Park hinter dem Bahnhof und blickte zum Nachthimmel hinauf, in der Hoffnung, der Anblick des Halbmonds könnte mir einige Einsichten bringen. Doch offenbar konnte ich besser denken, wenn ich jemanden zum Reden hatte.

Tief im Inneren fühlte ich mich oft einsam und war ständig von Ängsten geplagt. Ich sehnte mich nach Lob und Anerkennung. Eine schnelle Lösung für solche Gefühle war oft ein Partner. Warum war es tröstlicher, sich jemandem des anderen Geschlechts anzuvertrauen, als mit einer Freundin zu sprechen? Bestimmt war ich einfach jemand, der einen Freund als mentale Stütze brauchte. Trotz meiner Behauptung, ich könne fürs Erste auf einen Freund verzichten, saß ich nun im Park und fragte mich, wo ich einen netten Kerl kennenlernen könnte.

Manchmal hatte ich das Gefühl, gar nicht als Idol geeignet zu sein. Nach einer Nacht mit dem Freund am nächsten Tag den Fans zuzurufen, ich würde sie lieben, fühlte sich wie Verrat an. Bevor ich selbst Idol wurde, hatte ich solche Idols am meisten gehasst. Aber was sollte ich tun? Ich hatte nun mal eine Schwäche für Männer. Wenn es verboten ist, sich in einen Fan zu verlieben und eine Beziehung mit ihm zu beginnen, wer sollte dann für mich da sein? Wie sollte ich diese riesige, hoffnungslose Leere in mir füllen?

Als ich in solch hoffnungslosen Gedanken versunken war, riss mich plötzlich eine Stimme zurück in die Realität.

»Huhu!«

Überrascht drehte ich mich um. Die Stimme klang heiter, aber irgendwie roboterhaft. Vor mir stand ein Mädchen, das die Papiertüte einer Fast-Food-Kette in den Armen hielt.

Ihr schönes Gesicht wurde vom Licht der Straßenlaterne beleuchtet, eine merkwürdige Diskrepanz zu dem billigen Essen in ihrer Hand.

»Ai? Was machst du denn hier?«

Ich war verwirrt. Was hatte Ai, die Frontfrau unserer Gruppe, an so einem Ort zu suchen? Sie schien jedoch unbeeindruckt und antwortete in ihrer üblichen, lockeren Art: »Das möchte ich dich fragen! Ich wollte hier nur schnell etwas zu Abend essen. Bei mir in der Gegend gibt es nämlich keine Restaurants. Also dachte ich, ich hole mir am Bahnhof einen Cheeseburger und esse ihn zu Hause.«

Mit diesen Worten griff Ai in die Papiertüte, nahm einen Burger aus seiner gelben Verpackung, zerknüllte diese und warf sie zurück in die Tüte. Sie führte den Cheeseburger mit bloßen Händen zum Mund und biss hinein – eine Geste, die zeigte, dass sie nicht gut erzogen war.

»Vielleicht solltest du besser nach Hause gehen und dort essen«, riet ich ihr, etwas schockiert über ihr Verhalten. Ich fühlte mich unwohl. Unsere Blicke trafen sich kurz, doch Ai setzte das Gespräch in ihrem eigenen Rhythmus fort.

»Ich wollte eigentlich nach Hause, aber nachdem ich den Cheeseburger gekauft hatte, wollte ich ihn sofort essen. Er war gerade frisch und noch warm. Wenn ich gewartet hätte, wäre er kalt geworden. Als ich dann nach einem geeigneten Platz suchte, sah ich zufällig jemanden, der total traurig aussah. Und bei näherem Hinsehen habe ich erkannt, dass es ein Mitglied von uns ist.«

Hatte Ai mich etwa angesprochen, weil sie sich Sorgen machte?

»Habe ich wirklich so traurig ausgesehen?«

»Ja, als wäre es das Ende der Welt.«

»Also hast du dir Sorgen gemacht.«

Ai lächelte, ohne aufzuschauen, während sie weiter an ihrem Burger kaute.

»Ha ha ...«

Ob es nur Zufall war, dass sie hier vorbeikam? Dieser Gedanke ging mir durch den Kopf, während ich Ai zusah, wie sie wieder in ihren Cheeseburger biss. Ihr kleiner Finger war schon mit Ketchup beschmiert. Mir entging auch nicht, wie ein Stück Zwiebel zu Boden fiel. Überraschenderweise kam mir nicht der Gedanke, sie würde sich unordentlich oder abstoßend benehmen. Stattdessen wirkte sie unschuldig und rein. Hätte man mich bei so einem Verhalten beobachtet, hätte man kaum so empfunden. Doch ich konnte nicht anders, als Ai einen Tipp zu geben: »Schmeiß das Papier nicht weg. Lass den Burger darin, dann schmierst du dich nicht voll.«

Ai schaute auf ihren Cheeseburger herunter und schien kurz nachzudenken.

»Oh, das klingt sinnvoll ...«, murmelte sie schließlich und blickte mit einem Ausdruck der Erleuchtung in die Papiertüte hinein. Ai war naiv und manchmal erstaunlich ahnungslos. Sie vergaß Termine und konnte sich nicht an die Gesichter oder Namen von Leuten erinnern. Eigentlich müsste es schwierig für sie sein, ganz normal in der Gesellschaft zu leben. Doch wenn Ai solche Dinge tat, wirkte es wie ein Beweis dafür, dass sie ein Genie war. Vielleicht hätte Leonardo da Vinci sich ähnlich wie sie verhalten, wenn er heute gelebt hätte. Allein die Art und Weise, wie sie den Ketchup von ihrem kleinen Finger leckte, war bezaubernd.

»Äh ...« Ai schaute mir ins Gesicht und überlegte kurz. Dann schien sie aufzugeben und fuhr fort. »Was ist denn passiert? Du siehst bedrückt aus.«

Wahrscheinlich hatte sie meinen Namen sagen wollen, konnte sich aber nicht an ihn erinnern. Oder sie war sich nicht sicher, ob es der richtige war. Seit sie dafür getadelt worden war, dass sie die Mitarbeiter der Agentur ständig falsch nannte, hatte Ai aufgehört, Namen auszusprechen. Das war ihr wohl lieber. So eine Person war sie. Anscheinend konnte sie sich nur die Namen der Menschen merken, die ihr nahestanden, was wohl nicht für mich galt. Das sagte einiges über unsere Beziehung aus.

Ai sah mir nun direkt in die Augen. Wahrscheinlich hätte ich anders reagiert, wenn wir uns nicht zufällig im Park getroffen hätten, sondern stattdessen wie üblich in der Garderobe. Wir waren alles andere als eng. Aber genau deshalb gab es Dinge, die ich ihr anvertrauen konnte.

»Wirst du es niemandem verraten?«, fragte ich sie.

Auf meine Worte neigte Ai den Kopf.

»Das kann ich nicht versprechen. Aber ich behalte Dinge eher für mich. Es gehört zu meinen Prinzipien, nichts zu sagen, was nicht gesagt werden muss.«

Tatsächlich hatte ich noch nie gehört, wie Ai irgendwelche Gerüchte verbreitete. Es konnte allerdings sein, dass sie sich schlichtweg nicht für andere interessierte.

»Was ist denn? Ist es eine spannende Geschichte?«, fragte mich Ai neugierig.

»Nein, gar nicht. Es geht einfach nur darum, dass ich mich von meinem Freund getrennt habe.«

»Ah ... Verstehe.«

Als würde sie sagen wollen, es täte ihr leid für mich, setzte sie eine besorgte Miene auf und faltete die Hände. Es war schwer zu sagen, ob sie sich über mich lustig machte oder es ernst meinte. Als sie meinen mürrischen Gesichtsausdruck sah, stellte sie die Papiertüte neben sich auf die Bank und wandte sich mir zu.

»Hast du ihn geliebt?«

Das kam mir wie eine merkwürdige Frage vor. Natürlich sollte man auf so eine Frage mit »Ja« antworten, weil man ja ein Paar war, aber irgendwie wirkte Ais Frage tiefgründig. Ein Zug rauschte lautstark am Park vorbei. Es fühlte sich nicht richtig an, in diesem Moment zu antworten, also hüllte ich mich in Schweigen. Ai begriff anscheinend meine Absicht und richtete ihren Blick auf ein Schild. Während der kurzen Zeit, in der der Zug vorbeifuhr, suchte ich nach einer Antwort auf ihre Frage. Ich war wütend über die Trennung, aber nun hatte ich eine Gelegenheit bekommen, Ordnung in meine Gefühle zu bringen.

»Ich denke, ja ... Ja, ich habe ihn geliebt«, antwortete ich nach einer kurzen Stille, nachdem der Zug vorbeigefahren war. Als ich es aussprach, fühlte ich mich auf einmal traurig. Vielleicht werden Menschen wütend, weil sie den Schmerz nicht akzeptieren wollen. So wie eine Katze ihre Krallen wetzt, wenn ihr ein Missgeschick passiert.

»Ach so«, sagte Ai. »Ich nehme an, eine Trennung ist hart. Habe ich recht?«

An ihrer besorgten Miene hatte sich nichts geändert, doch nun erkannte ich, dass sie sich nicht über mich lustig machte. Sie schien unsicher zu sein, wie sie reagieren sollte.

Dennoch spürte ich keine echte Empathie in ihren Worten. Die Worte, die sie mir gegenüber aussprach, schienen eher eine formale Bestätigung zu sein. Genauso unsicher, wie sie sich beim Nennen von Namen fühlte, war sie auch im Einschätzen der Gefühle anderer.

»Tut mir leid ... Ich weiß nicht, wie man Leute in solchen Situationen tröstet ... Mir fällt nichts Schlaues ein.«

Ich konnte nicht anders als zu kichern. Irgendwie hatte ich erwartet, dass Ai so reagieren würde. Genau deshalb hatte ich mich ihr anvertraut.

Wenn Menschen jemandem begegnen, der ihnen überlegen ist, sehen einige dies als Ansporn, andere versuchen, sich mit ihm zu identifizieren. Zu welcher Gruppe gehörte ich? Wahrscheinlich zu keiner von beiden, weil ich beschlossen hatte, Ai nicht als Menschen zu betrachten. Jemand wie ich, der leicht neidisch wurde, konnte jemanden bis zum Äußersten verabscheuen. Und ich wusste, wie anstrengend das war. Früher hatte ich Klavier gespielt und verpasste bei Wettbewerben nur knapp die Preise. Ich war bitter neidisch auf diejenigen gewesen, die besser waren als ich. Es gibt kein Ende, wenn man nach oben blickt. Wahrscheinlich erst, wenn man zur Nummer eins wird. Das war selbst bei mir so, obwohl ich mir keine besondere Mühe mit dem Klavierspielen gegeben hatte. Wie sehr mussten dann diejenigen leiden, die sich noch mehr anstrengten? Trotzdem liebte ich die Musik. Ich hatte nicht den Mut, Musik zu meinem Beruf zu machen. Um der Welt des Klaviers zu entfliehen, klammerte ich mich an die Welt der Idols. Dort wollte ich nicht mehr kämpfen. Mir war bewusst, dass ich nicht an die Spitze gelangen konnte. *B-Komachi* hatte seinen Aufstieg allein Ai zu verdanken, darauf war ich nicht neidisch. Denn ich betrachtete Ai als etwas Übermenschliches.

Aus diesem Grund hatte ich Ai als Gesprächspartnerin gewählt, so als würde ich mit einer Katze sprechen oder zu Gott beten. Ich wusste nämlich, dass Ai keine Phrasen erwidern würde wie »Du darfst keine Liebesbeziehungen eingehen, solange du ein Idol bist« oder »Es liegt an deinem Charakter«. Ai war nicht wie alle anderen. Deshalb konnte ich ihr Dinge erzählen, die ich nicht einmal den engsten Kolleginnen anvertrauen würde.

»Ja, es ist hart.«

»Verstehe.«

Daraufhin brach eine Lawine an Beschwerden aus mir heraus, die ich gar nicht mehr zurückhalten konnte.

»Es ist hart, verlassen zu werden.«

»Es ist hart, kein Verständnis für die Arbeit zu bekommen.«

»Ich hasse es, von Männern abhängig zu sein.«

»Fans lieben mich nicht zurück, sie streicheln mir nicht den Kopf, sie umarmen mich nicht.«

»Ich hasse mich dafür, dass mir der Gedanke durch den Kopf geht, es wäre sinnlos, meine Fans zu lieben.«

»Aber ich will sie auch nicht verraten.«

»Ich will keine Schuldgefühle haben.«

»Es ist schlimm, dass jeder denkt, Idols dürften sich nicht verlieben.«

»Wenn ich das behaupte, würde mir aber vielleicht vorgeworfen, ich solle aufhören, wenn es mir nicht passe. Die Vorstellung macht mir Angst.«

Meine Worte plätscherten weiter, wie eine Flut von Frust, die sich in mir angestaut hatte. Ai hörte mir zu, ohne ihre Miene zu verändern. Nur ihr Blick war auf mich gerichtet, während ich weiterredete.

»Ich möchte endlich von zuhause ausziehen.«

»Die Wände und der Boden unserer Wohnung sind so dünn, dass ich nachts nicht üben kann.«

»Es nervt, dass mein Bruder sich in seinem Zimmer zurückzieht.«

»Meine Eltern sagen ständig, ich soll einen anständigen Job finden.«

»Meine neue Haarfarbe gefällt mir nicht.«

»Ich mag keine kalten Bento.«

»Die Zahl meiner Follower steigt nicht.«

»Das Ankündigungsbild für mein Geburtstagsevent war peinlich.«

»Ich konnte keine Karten für das Schauspiel meines Stars ergattern.«

»Ich bekomme in letzter Zeit keinen Schlaf.«

»Die Männer, die mich im Zug belästigen, sollen zur Hölle fahren.«

»Mein Handybildschirm ist zum dritten Mal in diesem Jahr gesprungen.«

»Der Lufterfrischer, den ich gestern gekauft habe, riecht nach dem Haus meiner Großeltern.«

»Ich bin pleite.«

»Trotzdem schnorrt mein Bruder ständig Geld von mir.«

»Es nervt, wenn Leute auf sozialen Medien mir anstößige Bilder schicken.«

»Es nervt, wenn Fans während des Streams Aufmerksamkeit suchen.«

»Es nervt, wenn Leute mir Ratschläge geben.«

»Ich denke oft, ich hätte lieber studieren sollen.«

»Mein Bruder hat seine Videospiele viel zu laut.«

»Es nervt, wenn Schulkameraden meine persönlichen Informationen online verbreiten.«

»Ich kann das teure Armband nicht mehr finden, das ich mir gekauft habe.«

»Es ist hart, kurz vor Weihnachten verlassen zu werden.«

Ja, es war hart.

»Oh Mann ...! Das Leben ist sooooo hart!«, rief ich laut.

Ai sah mich überrascht an – ein Ausdruck, den ich noch nie zuvor an ihr gesehen hatte.

»Du hast es nicht leicht ...«, bemerkte sie schließlich nach einer langen Denkpause.

Ich lächelte, ein Gefühl der Genugtuung durchströmte mich. Denn mir war es gelungen, Ai in Erstaunen zu versetzen. Ich hatte sie dazu gebracht, so ein Gesicht zu machen.

»Ja, so ist es. Ich habe ganz normale Probleme, wie jeder andere auch.« Nicht wie ein Star. Nicht wie ein Idol. Ich führte ein ganz normales, hartes Leben. »Aber danke. Es hat sich gut angefühlt, das alles einmal rauszulassen.«

Ai sah mir direkt in die Augen.

»Freut mich zu hören ...«, antwortete Ai. Sie schien noch etwas sagen zu wollen und ließ ihren Blick von unten rechts nach oben links schweifen. Bei dem Anblick musste ich erneut lächeln. Zum ersten Mal sah ich Ai so verwirrt. *So schauen unbesiegbare Mädchen also aus, wenn sie verwirrt sind*, dachte ich.

»Das Leben hat seine Höhen und Tiefen, nicht wahr …?«, waren die Worte, die Ai schließlich herausbrachte. Worte, die an und für sich bedeutungslos waren.

»Oh Mann, ich brauche dringend eine Auszeit«, sagte ich und strecke mich, als hätte ich schwere körperliche Arbeit verrichtet.

»Hä? Warum?«, erkundigte sich Ai. Ich hatte gedacht, der Wunsch nach einer Auszeit sei ein universelles menschliches Bedürfnis, aber dieses Mädchen schien anders zu sein.

»Hast du mir nicht zugehört? Jedes meiner Probleme sollte Grund genug sein, oder?«

Ai schien nicht überzeugt, also blickte ich tief in mein Herz, um nach dem wahren Grund zu suchen. Letztendlich erkannte ich: »In letzter Zeit zehren die Auftritte an meinen Nerven.«

Ai sah mich an, ohne etwas zu erwidern. Ich fuhr fort.

»Wir müssen fröhliche Lieder singen, auch wenn uns gar nicht danach ist. Man gewöhnt sich zwar daran, aber es ist trotzdem zermürbend, Lieder zu singen, die weit von meinen eigenen Gefühlen entfernt sind. Mir kommt es so vor, als würde ich allmählich zu einem Roboter werden. Man gewöhnt sich ans Lügen und verliert den Widerstand dagegen. Es fühlt sich so an, als würden man mit Leib und Seele zu einem Lügner werden.«

Es war hart, das Ideal anderer Menschen zu sein.

»Meinst du? Das kann ich nicht ganz nachvollziehen …«

»Du bist stark, Ai. Hast du nicht einmal dann keine Lust, auf die Bühne zu gehen, wenn etwas Schlimmes passiert?«

»…«

Ai hüllte sich in Schweigen. Leicht aggressiv fuhr ich fort: »Bestimmt nicht. Schließlich bist du unbesiegbar.«

Meinen Gedanken, dass alles an ihr abprallen würde, behielt ich für mich. Ob meine Worte sie trafen oder nicht, konnte ich nicht erkennen. Ai beobachtete die Wolken am Nachthimmel und erwiderte: »Ich bin nicht unbesiegbar. Oft ziehen mich Dinge runter. Selbst jetzt bin ich total niedergeschlagen.«

Trotzdem sah sie mir direkt in die Augen und sprach in ihrem üblichen Ton weiter.

»Ich habe dir doch mal erzählt, dass ich keine Eltern habe und in einem Heim lebe, oder?«

Das hatte sie. Damals hatte sie darüber gesprochen, als wäre es nichts Besonderes.

»Ich muss das Heim bald verlassen. Eine Verwandte meiner Mutter wollte mich aufnehmen, aber als wir uns trafen, hat sie es sich anders überlegt.«

Nun fand ich nicht mehr die richtigen Worte.

»Ich fragte mich, waran das gelegen haben konnte? Sie hat mir keinen Grund genannt. Da mache ich mir natürlich allerlei Gedanken. Lag es vielleicht an meinem Charakter? Oder hat sie mich nicht gemocht, weil ich meiner Mutter ähnlich sehe? Vielleicht hat es ihr nicht gefallen, dass ich ein Idol bin?«

Ai redete weiter, bis ich sie schließlich unterbrach.

»Das beschäftigt dich ja total.«

Ich war überrascht. Zum einen, dass Ai so viel von sich preisgab, und zum anderen, dass sie in solch einer Situation war, obwohl ich dachte, sie sei perfekt.

»Wann ist das passiert?«

»Vorgestern.«

Das war erst vorgestern passiert und trotzdem konnte sie so auf der Bühne strahlen? Das führte mir vor Augen, dass Ai wirklich etwas Besonderes war.

»Du bist echt beeindruckend«, sagte ich anerkennend und seufzte. Ich spürte instinktiv, dass ich eine lange Auszeit gebraucht hätte, um wieder so durchstarten zu können. »Weißt du, ich habe schon bei einem kleinen Tief keine Lust mehr, auf die Bühne zu gehen ... Vielleicht bin ich nicht dafür gemacht.«

Ai machte eine nachdenkliche Pose, fast so, als würde sie von einer Kamera gefilmt werden. Ich konnte nicht beurteilen, was wirklich in ihr vorging.

»Ich würde eher sagen, dass du ehrlich bist.«

Ehrlich? Ich verstand nicht ganz, was sie damit meinte.

»Ich bin von Natur aus eine Lügnerin«, fuhr Ai in einem gleichmütigen Ton fort. »Der Charakter des Idols Ai ist wahrscheinlich das genaue Gegenteil von meinem wahren Ich. Aber ich glaube, er spiegelt das wider, was ich sein möchte. Als Idol zu arbeiten, bringt mich meinem Ideal näher.«

Ihre Ansichten über Idols schienen sich von denen anderer zu unterscheiden.

»Lügen sind mein Ausgangspunkt. Es ist also egal, was mein wahres Ich ist. Wenn man eine Lüge oft genug wiederholt, kann sie wahr werden. Wenn man fröhliche Lieder singt, fühlt man sich doch irgendwie fröhlicher, oder? So in etwa. Also ist mein Ego auf der Bühne mein ideales Selbst.«

Ais Gesicht wirkte weiterhin wie eine Maske.

»Ich strebe danach und arbeite hart daran, diesem Ideal näher zu kommen. Doch es wird immer unerreichbarer.

Hübsch, nett, unbesiegbar, jemand, der alle liebt und von allen geliebt wird.«

Ais Worte schienen etwas Wahres zu haben, hörten sich aber dennoch ein wenig oberflächlich an.

»So ein Mensch möchte ich werden.«

»Wir sind von Grund auf verschieden. Ich gehe mit einer ganz anderen Einstellung ans Idol-Sein heran«, kommentierte ich. Meine Bemerkung war unverfänglich, weil ich Ais Aussage ehrlich gesagt nicht ganz verstand. Ich wusste nicht, ob sie es ernst meinte oder einfach nur wild daherredete. Ihre Worte klangen dennoch selbstbewusst, was vielleicht die Essenz dessen ist, was ein Idol ausmacht.

»Ich weiß nicht. Eigentlich sollte man alles nicht so ernst nehmen. Es ist ja nur ein Job! Letztendlich sind wir nur Idols!«

»Nur Idols ...«

Wenn das eine normale Person sagen würde, könnte es wie Prahlerei klingen oder wie eine Rechtfertigung für die Unzufriedenheit im Job, aber Ai schien keine Hintergedanken dabei zu haben.

»Aber im Gegensatz zu dir habe ich nichts«, antwortete ich ihr.

»Hä? Du hast doch gesagt, dass du seit deiner Kindheit Klavier spielst. Du hast doch etwas.«

»Was meinst du, wie viele Menschen Klavier spielen?«

Klavier ist eine der beliebtesten Aktivitäten, die Eltern ihren Kindern nahelegen. Ich war nicht mal gut genug, um meine Klasse bei einem Chorwettbewerb auf dem Klavier zu begleiten. Es war also kaum eine Fähigkeit, auf die ich stolz sein konnte.

»Unzählige fangen damit an und hören wieder auf. Ich bin nur eine von vielen.«

»Ist das so? Aber so etwas sagen oft Leute, die wirklich tolle Fähigkeiten haben. Setzt du deine Ziele vielleicht zu hoch? Es ist schade, wenn du etwas kannst und es nicht nutzt«, äußerte Ai. Sie klang fast wie ein Berufsberater. »Letztens hat doch Mei die Songtexte geschrieben, oder? Warum versuchst du es nicht auch mal?«

Ai deutete mit ihrem Finger direkt auf meine Nase.

»Ich soll Texte schreiben?«

Unwillkürlich verzog ich das Gesicht. Mit so einem Ratschlag hatte ich nicht gerechnet.

»Nicht nur das. Auch Komponieren. Kannst du das nicht?«

»Das ist schwierig. Klar, zum Spaß habe ich mal was geschrieben ... Aber halt nur zum Spaß.«

»Ach was. Deine Komposition könnte eine Grundlage für ein Lied bieten. Ich bin mir sicher, Profis können etwas Tolles daraus machen.«

»Stimmt ... Aber das geht nicht ...«

Ich wollte schnellstens verschwinden, um nicht weiter über das Thema sprechen zu müssen. Doch Ai schien gerade wieder Spaß zu haben. Ihre Stimme wurde lebhafter.

»Warum?«, fragte sie mich. Offensichtlich konnte sie die Gefühle anderer wirklich nicht nachvollziehen. Es mangelte ihr an Empathie. Doch in diesem Fall hätte auch kein anderer verstehen können, was in mir vorging.

»Weil mir das peinlich ist ...«, gab ich zu.

Ai schaute mich verwirrt an.

»Hä? Das ist der Grund?«

Sie hatte offenbar eine tiefgründigere Erklärung erwartet, warum jemand, der Musik gelernt hatte, seine Fähigkeiten nicht zum Besten geben wollte. Als ob es einen gewichtigen Grund geben müsste. Aber so war nun einmal die Realität.

»Genau! Plötzlich so zu tun, als wäre ich eine Musikerin, würde so wirken, als wollte ich damit angeben. Verstehst du, was ich meine? Solange man nichts Neues wagt, wird man auch nicht von den Fans verspottet! Es ist besser, brav in den Grenzen zu bleiben, die ich mir selbst gesetzt habe.«

»Meinst du wirklich? Machst du dir da nicht zu viele Gedanken? Du würdest sicher nicht wirken, als wolltest du damit angeben. Ich bin mir sicher, dass die Fans dich unterstützen würden. Es gibt keinen Grund, dich zu schämen.«

»Ngh ...«

Das wusste ich selbst. Es war mir einfach nur peinlich. Ich hatte Angst, mich bloßzustellen oder zu scheitern. Ich hoffte, Ai würde sich einmal Gedanken machen, warum ich es bisher vermieden hatte. Immer wieder hatte ich darüber nachgedacht und mich dagegen entschieden. Schon mehrmals war mir dazu geraten worden, was ich jedes Mal mit einem höflichen Lächeln abgetan hatte. Doch wenn der Vorschlag von Ai kam, war es etwas anderes.

»Also ... Wenn ich ein Lied komponiere, würdest du dann den Text schreiben?«

»Äh?«

Mit diesem Konter hatte Ai wohl nicht gerechnet. Wie sagte man so schön? Mitgehangen, mitgefangen. Lächelnd legte ich meine Hand auf ihre Schulter.

»Du hast eine einzigartige Sichtweise und würdest bestimmt gute Texte schreiben.«

Das meinte ich ernst. Songtexte von Ai, die alles andere als gewöhnlich war, wären sicherlich etwas Besonderes.

»Ha ha … Ach, Quatsch … Das kann ich nicht«, tat sie lachend ab. Zum ersten Mal sah ich sie verlegen. »Ich habe nur einen Mittelschulabschluss und keine guten Sprachkompetenzen …«

»Hey! Du hast gesagt, man solle sich nicht schämen! Es ist unfair, deine Meinung zu ändern, wenn es um dich selbst geht. Ich möchte deine Texte lesen.«

Nun war reine Bosheit im Spiel. Ich wollte ihr einfach eins auswischen. Trotz meiner bösen Absichten blieb Ais Miene jedoch ernst.

»Meinst du …?«, fragte sie bedächtig.

»Ja, wirklich.«

Daran gab es keinen Zweifel.

»Den Text zu einem Lied zu schreiben ist eine anspruchsvolle Aufgabe. Ich glaube nicht, dass ich das kann.«

»Du kannst auch gerne zuerst den Text schreiben. Dann komponiere ich die Melodie dazu.«

»Oh, das könnte vielleicht klappen. Hmm …«

Ai und ich saßen unter dem Mondlicht und den Straßenlaternen des Parks. Wir waren nie wirklich vertraut gewesen, aber in diesem Moment sprachen wir wie Schulkameraden, die sich über Zukunftsvisionen unterhielten. Fast so, als wären wir Freunde.

***

Ais Worte, die sie in einem Interview mit einer Modezeitschrift geäußert hatte, waren mir im Gedächtnis geblieben.

Frage: Wer ist deine engste Freundin in der Gruppe?

Sie nannte darauf meinen Namen. Jene Nacht war das einzige Mal gewesen, dass wir uns ordentlich unterhielten. Hatte sich Ai zufällig daran erinnert? Oder war die Beziehung zwischen Ai und den anderen Mitgliedern *von B-Komachi* so flüchtig gewesen, dass ein Gespräch ausreichte, um als die engste zu gelten?

Einige Tage nach jener Nacht gab mir Ai ihre Songtexte. Um ehrlich zu sein, hatte ich nicht erwartet, dass sie meinen Vorschlag wirklich ernst nahm. »Notizbuch für Songtexte« stand in dicken Buchstaben auf dem Deckblatt des Notizbuches, das mir Ai mit einem unsicheren Ausdruck überreichte. Sie wirkte dabei wie ein ganz normales fünfzehnjähriges Mädchen. Unglaublich süß.

Als ich zu Hause das Notizbuch öffnete, fand ich darin sorgfältig geschriebene Texte. An manchen Stellen waren deutliche Spuren des Radiergummis zu erkennen. Ein Songtext hätte gereicht, aber darin standen verschiedene über mehrere Seiten. Sie machten Ais aufrichtigen Charakter deutlich. Ich hatte das Gefühl, eine Seite von ihr kennenzulernen zu haben, die niemand sonst je gesehen hatte.

Auf den ersten Seiten standen noch typische Idol-Texte über Weltfrieden und dergleichen. Man konnte erkennen, dass Ai viel herumprobiert hatte. Doch mit jeder Seite wurden die Texte durchdachter.

Besonders der Text mit dem Titel »Ich, die Lügnerin« zog meine Aufmerksamkeit auf sich. Trotz des eher düsteren

Titels war der Inhalt unbeschwert und ermutigend. Fröhlich und lustig zu sein, war für Ai vielleicht eine Lüge. In Wahrheit war das Leben auch für sie hart und schmerzhaft. Doch letztendlich war sie eine Lügnerin – diese Botschaft entnahm ich ihrem Songtext.

Wie Profimusiker komponieren, wusste ich nicht, also machte ich mir keine zu großen Gedanken. Ich setzte mich einfach ans Klavier und nahm eine Melodie und einen Leitgesang auf, der zu Ais Texten passte.

Damals war ich immer noch niedergeschlagen. Und ich war mir sicher, dass viele meiner Fans sich genauso fühlten wie ich. Einige waren vielleicht wegen familiärer Probleme traurig, andere vielleicht wegen der Liebe oder der Arbeit. *Ein heiteres Lied könnte ihnen helfen, sich ein bisschen besser zu fühlen,* dachte ich. Ein Lied von mir, die niedergeschlagen war, für alle, die es ebenfalls waren – mit diesem Konzept komponierte ich das Lied.

Es wurde später auf der B-Seite einer Single von *B-Komachi* veröffentlicht. Es war nicht besonders beliebt, niemand sang es nach.

Es war einfach nur ein Lied, das ich heute, mit siebenunddreißig Jahren, in Nächten wie diesen vor mich hin summte.

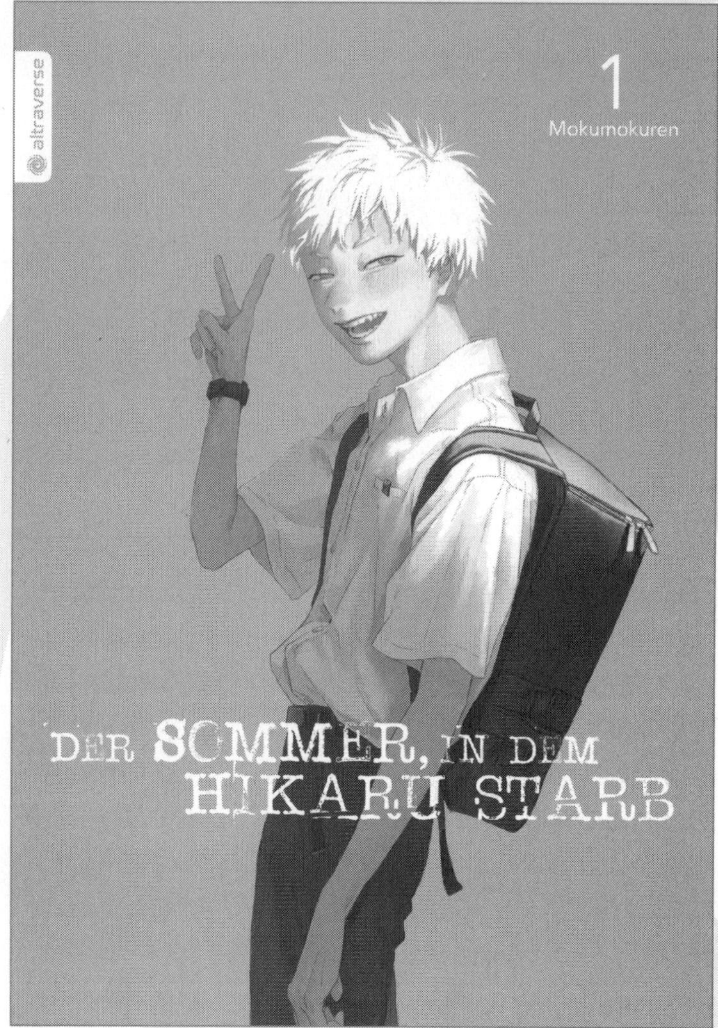

Der Sommer, in dem Hikaru starb

Mokumokuren

Hikaru und Yoshiki wachsen zusammen auf, doch eines Sommers scheint Hikaru nicht mehr der Gleiche zu sein. Yoshiki schafft es jedoch nicht, sich von dem, was einst sein bester Freund war, zu trennen. Dann ereignet sich ein mysteriöser Vorfall ...

Slice of Life 16 +

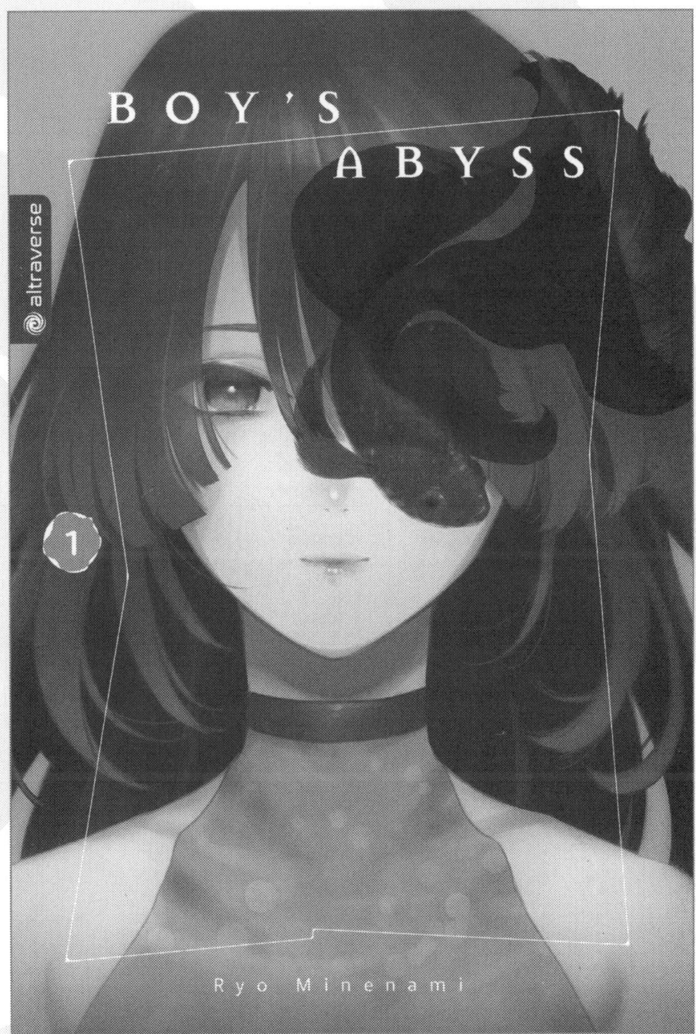

Boy's Abyss

Ryo Minenami

In einer tristen Stadt lebt der Oberschüler Reiji ein trostloses Leben. Während seine Schulkameraden darauf hoffen, irgendwann diesen Ort verlassen zu können, glaubt Reiji, dies nie zu können. Eines Tages jedoch begegnet er einer besonderen Frau, die seinem Leben zugleich Licht, aber auch mehr Dunkelheit schenkt.

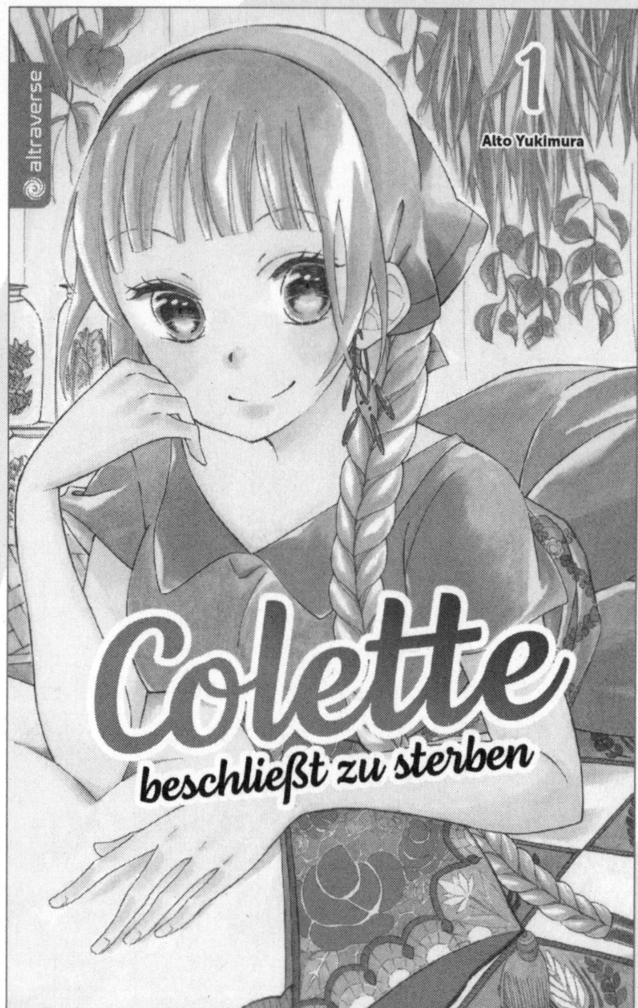

Colette beschließt zu sterben

Alto Yukimaru

Colette ist Ärztin, genauer gesagt die einzige Ärztin ihrer Stadt, und deshalb Tag und Nacht im Einsatz. Irgendwann ist sie so mit den Nerven am Ende, dass sie beschließt zu sterben! Aber so richtig will ihr das nicht gelingen. Stattdessen findet sie sich quicklebendig in der Unterwelt wieder, wo schon der nächste Patient auf sie wartet: der Herrscher über den Höllenkerker Hades!

Fantasy 13+

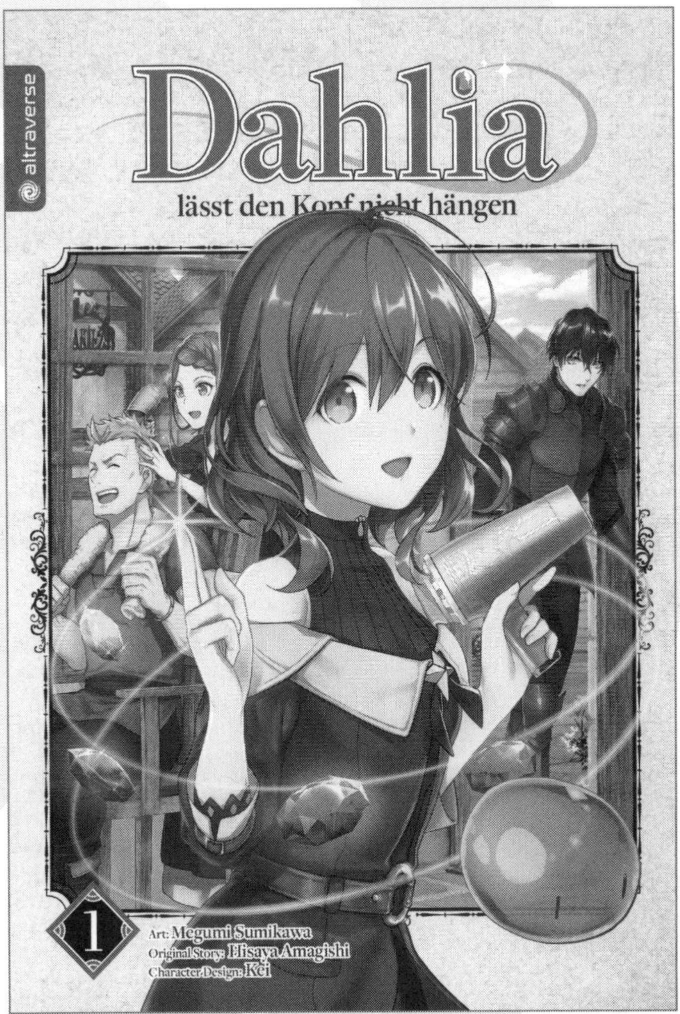

Dahlia lässt den Kopf nicht hängen

Art: Megumi Sumikawa | Original Story: Hisaya Amagishi | Character Design: Kei

Nachdem sie depressiv und überarbeitet früh das Zeitliche segnete, will Dahlia in ihrem neuen Leben in einer anderen Welt alles besser machen. Mit ihrem Vorwissen lernt sie, magische Artefakte zu erschaffen, um den Menschen das Leben zu erleichtern, und startet schon bald mit ihrem eigenen Geschäft voll durch. Wird sie diesmal ihr Glück finden?

Romance 13+

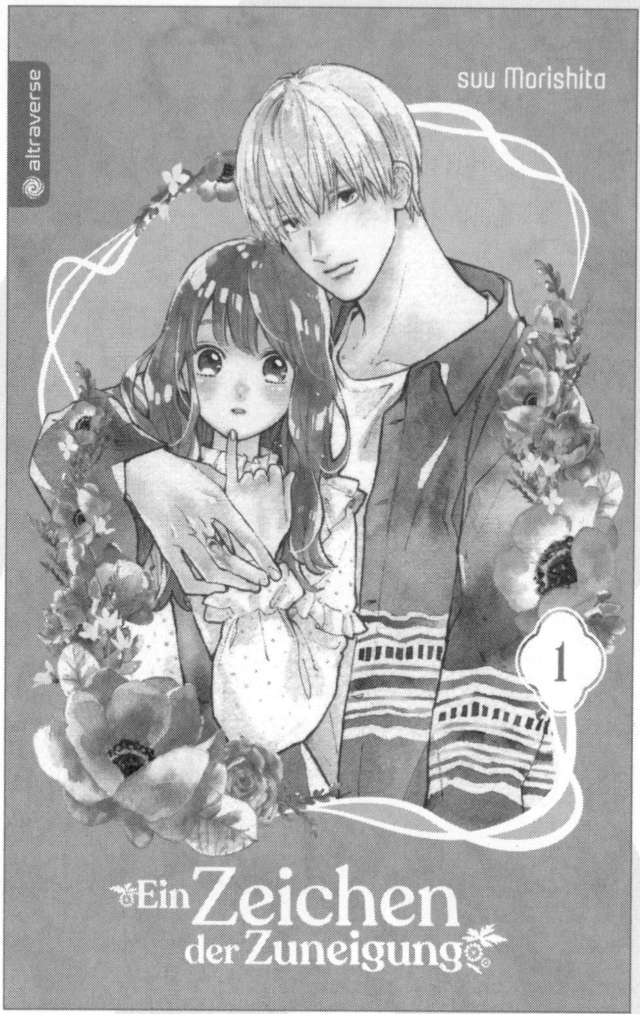

Ein Zeichen der Zuneigung

suu Morishita

Als die gehörlose Studentin Yuki eines Tages in Schwierigkeiten gerät, kommt ihr ihr Kommilitone Itsuomi zu Hilfe. Yuki ist fasziniert von Itsuomi, da er sie trotz ihres Handicaps wie einen ganz normalen Menschen behandelt. Durch ihn beginnt sie nicht nur eine neue Welt zu entdecken, sondern bekommt auch zum ersten Mal Herzklopfen.

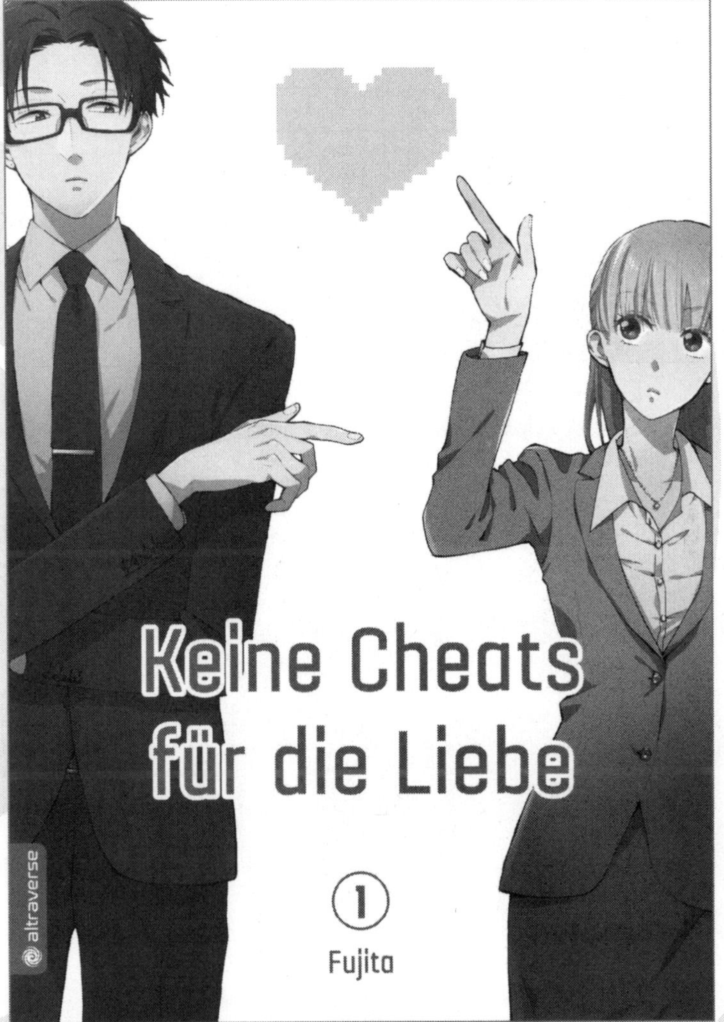

Keine Cheats für die Liebe

Fujita

Nerd sein ist nicht leicht! Sobald die Männer erfahren, dass Narumi ein Fangirl ist, nehmen sie Reißaus. Die Lösung: Ein Nerd muss her – meint zumindest ihr Kindheitsfreund Hirotaka, selbst eingefleischter Gamer, und stellt sich auch gleich zur Verfügung. Ist dies der Beginn einer mangareifen Romanze oder heißt es am Ende doch Game over?

Action 15 +

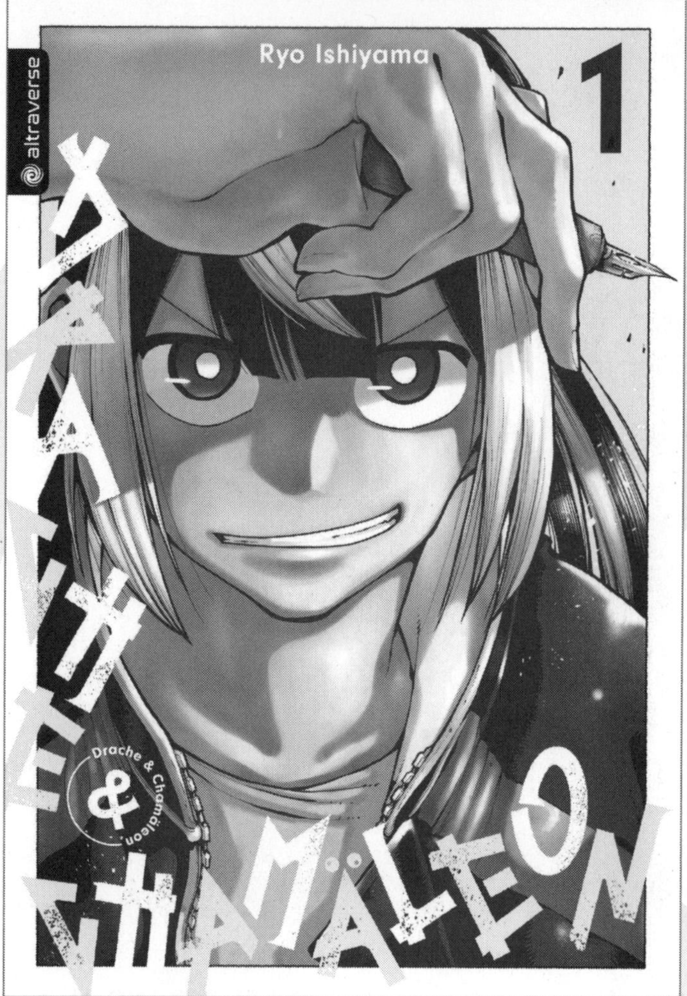

Drache & Chamäleon

Ryo Ishiyama

Garyo ist ein genialer Mangaka, dessen Serie sich über 150 Millionen Mal verkauft hat. Shinobu hingegen besitzt das Talent, andere Zeichenstile perfekt zu kopieren. Als die beiden eine Treppe hinunterstürzen, führt der Unfall dazu, dass sie sich im Körper des anderen wiederfinden. Während Shinobu das gut passt, muss Garyo nun sein eigenes Meisterwerk übertreffen.

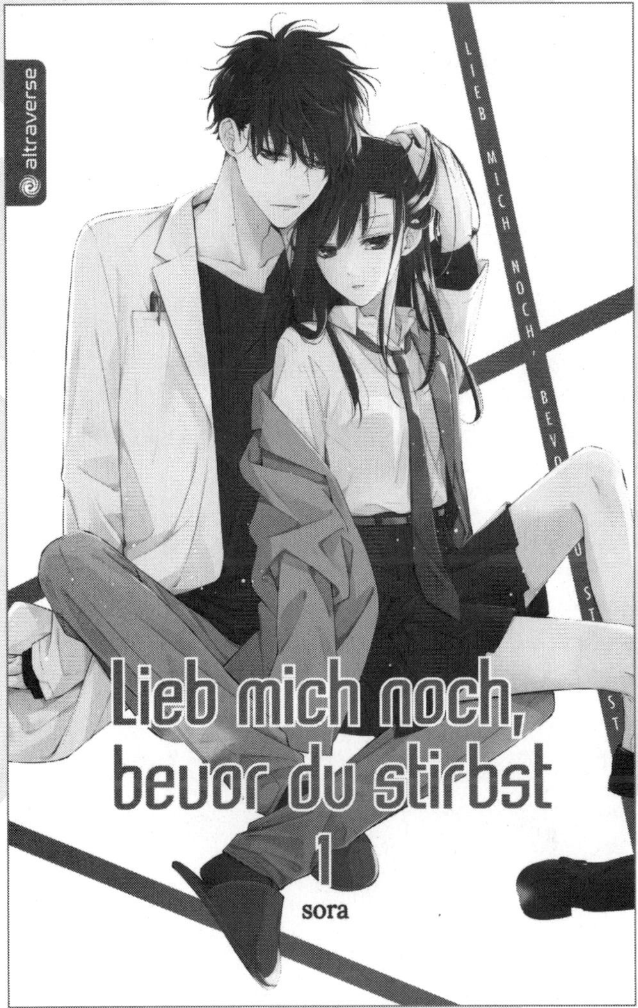

Romance 15+

Lieb mich noch, bevor du stirbst

sora

Mikoto will sich vom Dach ihrer Schule stürzen, nachdem sie nicht bei ihrer vermeintlich großen Liebe landen konnte. Da taucht einer ihrer Lehrer neben ihr auf, angeblich nur, um dort eine zu rauchen. Er beginnt ein Gespräch mit ihr und bittet sie, mit ihm auszugehen. Schließlich könne sie doch ihn lieben, bevor sie stirbt …

Mystery 16 +

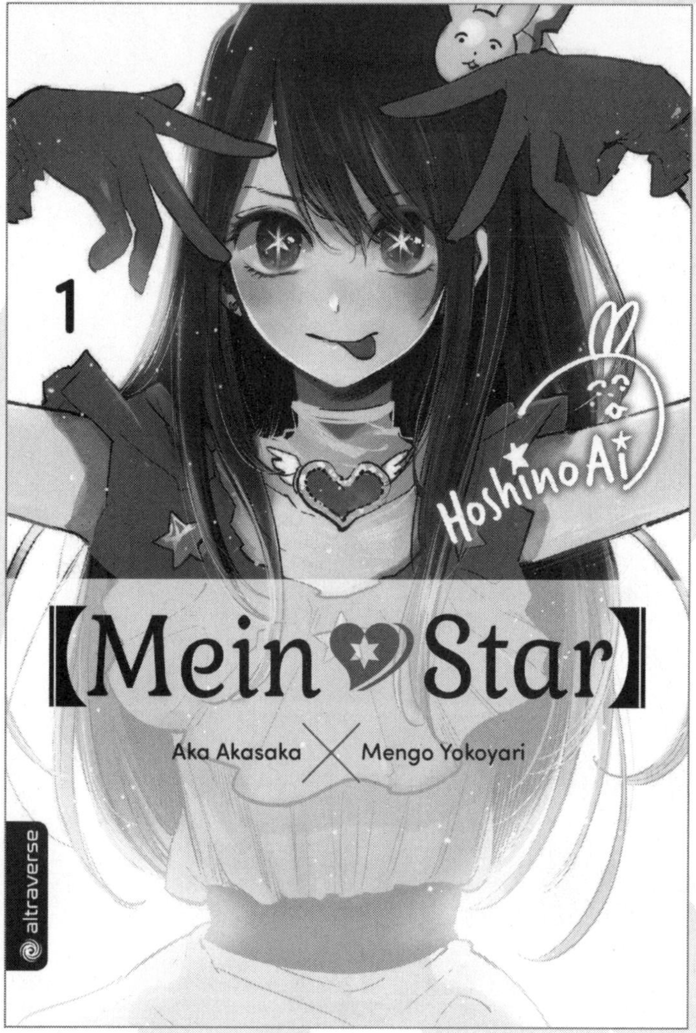

[Mein*Star]

Aka Akasaka | Mengo Yokoyari

Wie wäre es, als Kind eines Idols wiedergeboren zu werden? Diese Frage beschäftigt Goro, Arzt und Hardcorefan des Idols Ai Hoshino, seit sie ihm von einer Patientin kurz vor ihrem Tod gestellt wurde. Was er zu dem Zeitpunkt noch nicht weiß: Schon bald wird er sein Idol treffen, was sein Leben komplett auf den Kopf stellt!

Mystery 16+

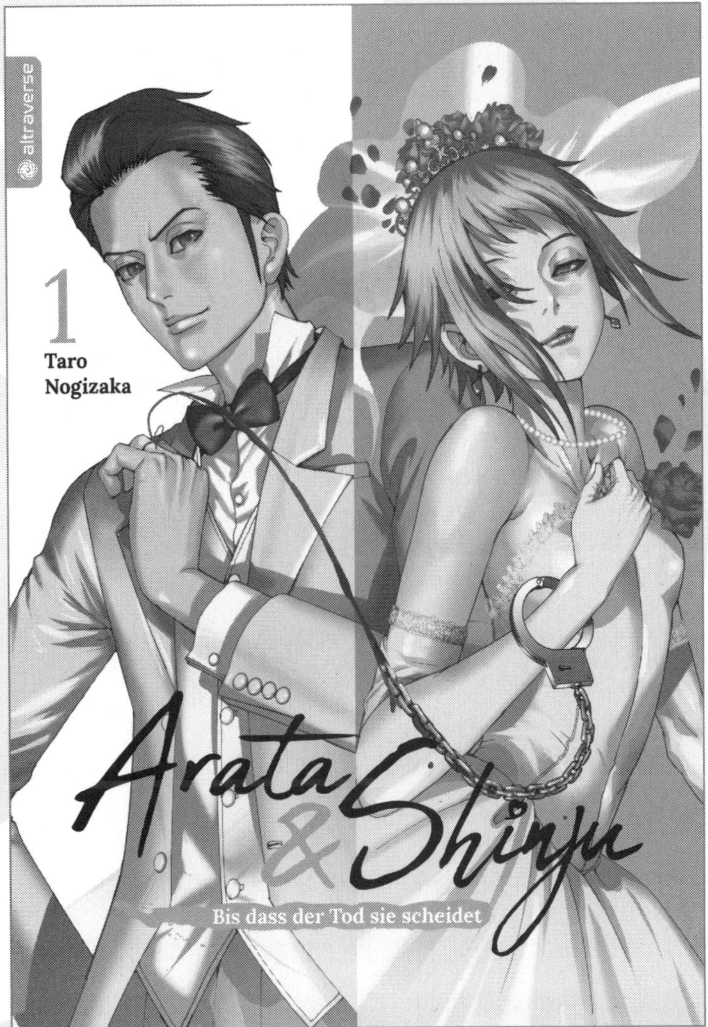

Arata & Shinju – Bis dass der Tod sie scheidet

Taro Nogizaka

Der Erziehungsberater Arata Natsume wird von einem seiner Schützlinge gebeten, den Mörder seines Vaters im Gefängnis zu besuchen und ihn zu fragen, wo dieser den noch immer verschollenen Kopf seines Vaters versteckt hat. Doch der Mörder entpuppt sich als gerissene junge Frau und schon bald beginnt ein Katz-und-Maus-Spiel zwischen den beiden, dessen erstes Ergebnis ist … dass die beiden heiraten?!

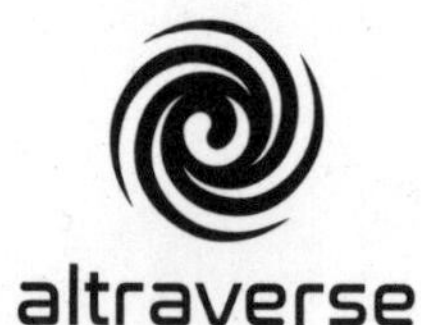

Deutsche Ausgabe / German Edition

Aus dem Japanischen von Nana Umino

【OSHI NO KO】-ICHIBANBOSHI NO SPICA-

First published in Japan in 2023 by SHUEISHA Inc., Tokyo.
German translation rights in Germany, Austria and German-speaking Switzerland
arranged by SHUEISHA Inc. through VME PLB SAS, France.

Redaktion: Jörg Bauer
Herstellung: Esra Doğan, Shanice De Sutter

Druck: Nørhaven A/S, Viborg
Printed in Denmark

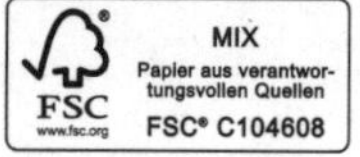

ISBN 978-3-7539-2668-1
1. Auflage 2024

www.altraverse.de